KB090941

모든 독서법을 관통하는
최고의 지침서

완벽한 독서법

모든 독서법을 관통하는 최고의 지침서

완벽한 독서법

1쇄 인쇄 2018년 5월 17일 **1쇄 발행** 2018년 5월 25일

지은이 김병완

펴낸곳 글라이더 **펴낸이** 박정화

책임편집 정안나 **표지디자인** 디자인86 **본문디자인** 디자인뷰 **마케팅** 임호

등록 2012년 3월 28일(제2012-000066호)

주소 경기도 고양시 덕양구 화중로 130번길 14(아성프라자 6층 601호)

전화 070)4685-5799 **팩스** 0303)0949-5799 **전자우편** gliderbooks@hanmail.net

블로그 http://gliderbook.blog.me/

ISBN 979-11-86510-59-9 03320

이 도서의 국립중앙도서관 출판예정도서목록(CIP)은 서지정보유통지원시스템 홈페이지(http://seoji.nl.go.kr)와 국가자료공동목록시스템(http://www.nl.go.kr/kolisnet)에서 이용하실 수 있습니다.(CIP제어번호: CIP2018014650)

모든 독서법을 관통하는 최고의 지침서

완벽한 독서법

김병완 지음

글라이더

프롤로그

우리는 잘못된 방식으로 읽고 있다

사람들은 대개 잘못된 방식으로 읽고 있다. 인지과학과 뇌과학 연구에 따르면 많은 사람들이 정석定石이라고 여기는 기존의 독서법은 대부분 헛수고라고 한다. 심지어 독서법 전문가라고 자부하는 이들조차도 독서법을 제대로 배우거나 고민해본 이들은 몇 안 될 것이다. 독서를 못하는 이들이 독서를 더 못하는 이들을 가르치고 있는 꼴이다.

많은 사람들은 자신이 독서에 관한 한 무능력 상태에 있다는 것조차 의식하지 못한다. 심지어 자신이 독서하는 방법을 모르고 있다는 사실도, 독서를 자유자재로 할 줄 모른다는 사실도, 더군다나 독서를 제대로 하기 위해서는 독서법을 제대로 배워야 한다는 사실도 깨닫지 못한 채 살아가고 있다.

독서는 눈으로 글자를 읽는 것이 아니라 뇌로 사고하는 것이다. 독서는 지식과 정보의 수용이나 학습이 아니라 새로운 견해의 발견이며 창조 행위이다. 독서는 지식과 정보의 축적이 아니라 편견과 고정관념의 비움이다. 지금 보고 있는 것이 아니라 생각하는 것을 읽고 있다고 인식하는 것이 독서다. 그래서 독서는 읽기가 아니라 생각하기다.

읽기를 'decoding'이라고 인식하면 속독법에 치중하게 된다. 하지만 읽기를 'thinking'이라고 인식하면 생각하는 독서법인 초서抄書법에 치중하게 된다. 여기서 간과해서는 안 되는 것이 '양질 전환의 법칙'이다.

양이 터무니없이 적다면 그 어떤 효과도 기대하기 힘들다. 그래서 많은 양의 독서를 먼저 한 다음, 높은 질의 독서를 해야 한다. 그럼에도 독서의 본질은 글자 인식인 눈이 아니라 사고 중추인 뇌라는 사실은 변함이 없다.

책 읽기는 글을 통한 생각하기다. 그러므로 글자의 덫에 빠져서는 안 된다. 하지만 많은 이들이 글자의 함정에 빠져서 독서를 제대로 하지 못하고 있다. 독서를 지식과 정보의 습득으로 인식하기 때문에 보물 찾기나 핵심 찾기에 집중한다. 거듭 말하지만 독서는 사고의 확장이어야 한다.

사실 대부분의 사람들은 독서를 통해 사고가 확장되는 수준까지 나아갈 수 있는 읽기 속도와 이해력이 턱없이 부족한 것이 사실이다. 이러한 현실을 제대로 인지하지 못하기 때문에 초보적인 독서 수준에서 평생 허덕이게 되는 것이다.

과거 조선의 선비들과 지금 우리들의 책 읽기에는 가장 중요한 한 가지 사실이 다르다. 한자와 한글이 그것이다. 과거 선비들은 읽기만 해도 그것이 사고 작용이 되었다. 한자의 특성상 단순히 읽기에서 그치는 것이 아니라 글자의 뜻과 의미를 생각한 후 재해석해야 하기 때문이다. 하지만 한글은 다르다. 글자의 구성이 무척이나 과학적이고 읽기 쉽기 때문에 우리는 글자의 의미를 이해하는 데 충분한 시간을 들여 사고 활동을 하지 않는다. 너무나 우수하고 과학적인 세계 최고의 글자 한글의 아이러니가 여기에 있다.

한글은 글자를 읽기만 해도 그 메시지가 간단하게 전달된다. 그래서 가장 적은 양의 사고를 하게 한다. 그 영향 때문인지 한글로 책을 읽는 한국인들은 사고력이 빈약해지고 생각하는 것을 극도로 싫어하는 민족으로 전락해가는 듯하다.

지능지수가 세계에서 가장 높은 한국인들이 평소에 생각하는 훈련만 잘 받았다면 한국은 정말로 위대한 나라가 될 수 있을 것이다. 하지만 우리는 생각하는 것을 극도로 싫어하고, 정답만 빨리 찾고, 끝내는 것을 좋아한다. 급한 민족성도 한몫하는 것인지도 모른다.

책 읽기는 사고 훈련이어야 한다. 우리는 빠르게 글자를 읽었다는 행위에만 집중하느라 사고 활동을 통한 해독 속도는 너무나 느리다.

때문에 제대로 된 사고 훈련이 어려운 것이다.

그렇다면 한국인은 사고력이 뛰어나고 생각하는 것을 좋아하는 민족이 될 수 없는 것일까? 답을 찾기 위해 우리 선조들과 외국의 독서법 관련 책을 다양하게 읽던 필자는 독서 습관을 점검하기 시작했다. 단순한 읽기에서 사고하기로 나아가려면, 독서의 필요성을 인지하고 올바른 습관을 들이는 것이 중요하지 않겠나, 하는 생각에 서였다. 그 과정에 대한 결과물로 독서법 관련 도서를 여러 권 엮어 냈지만, 고민은 끝나지 않았다.

제대로 된 책 읽기를 하지 못한다는 사실을 알았고, 해결책을 고민한 끝에 좋은 독서 습관을 갖게 됐지만, 독서법이라는 기술적인 문제가 남아 있었다. 오랜 시간을 투자해 책을 읽어도 며칠이 지나면 내용이 전혀 기억나지 않을뿐더러, 사고력이 향상되거나 생각하는 게 즐거워지지 않았다. 여전히 눈으로 글자를 읽고 있을 뿐 뇌로 사고하는 것 같지는 않았다.

선조들은 외국인들은 어떤 방법으로 책을 읽었던가? 나에게 우리에게 맞는 독서법을 찾기 위해 그들의 독서법을 하나씩 되새기며 실행에 옮겨보았다. 그들의 독서법을 토대로 우리의 현실에 맞게 수정하고 보완한다면 완벽한 독서법을 찾을 수 있을 것 같았다. 필자의 예상은 적중했다. 양질 전환의 법칙을 지키면서 뇌로 사고하는 독서법인 '초서 독서'와 '퀀텀quantum 독서'를 찾아냈다. 나아가 독서법을 고민하는 많은 이들과 나누고 싶어 이를 《김병완의 초의식 독서법》(아템포)과 《1시간에 1권 퀀텀 독서법》(청림출판)로 정리해 엮었고, 이를 바탕으로 다양한 사람들에게 독서법 관련 강의를 하며 '초서 독서'와 '퀀텀 독서'의 장단점을 보완했다.

'우리는 왜 잘못된 방식으로 책 읽기를 하고 있는 것일까?', '무엇이 얼마나 잘못된 것일까?', '어떤 방법으로 책을 읽어야 하는 것일까?' 이 책에는 필자가 독서를 해오며 독서법에 대한 문제의식을 갖고 답을 찾기 위해 분투한 과정과 나름의 답을 담았다. 보다 많은 이들이 이 과정과 답을 나누며 자신만의 효율적인 독서법을 찾았으면 하는 바람에서 《완벽한 독서법》을 집필한 것이다. 오늘도 책을 펼쳐놓고 눈으로 글자만 읽어가며 자신의 독서법이 잘못된 건 아닌지 고민만 하고 있지는 않는가? 이 책이 제대로 된 독서법을 찾기 위해 다시 한 번 정진하는 계기가 되었으면 한다.

2018년 5월

김병완

'우리는 왜 독서를 해야 하는가?'라는

질문보다 앞서야 하는 것은

'독서란 진정 무엇인가?'이다.

'독서를 어떻게 해야 하는가?'라는

질문보다 앞서야 하는 것은

'인간은 어떻게 인식하고 배우고 성장하는가?'이다.

차례

3장 |
독서를 할 줄 안다는 착각에서 벗어나라

4장 |
제대로 배워야 독서를 잘할 수 있다

5장 |
독서, 제대로 하려면 의식 혁명이 먼저다

8장 |

독서력이 도약하는 획기적인 독서법

9장 |

인생을 바꾼 3년 독서의 법칙

1장

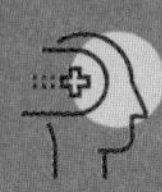

인생을 바꾸는 세가지 독서법

"반대하거나 말싸움을 하기 위해,
또 단순하게 믿거나 그대로 받아들이기 위해 독서해서는 안 된다.
또한 대화나 논의의 밑천을 마련하기 위해 독서해서도 안 된다.
오직 따져 보고 깊이 생각하기 위해 독서하라."

_ 프랜시스 베이컨

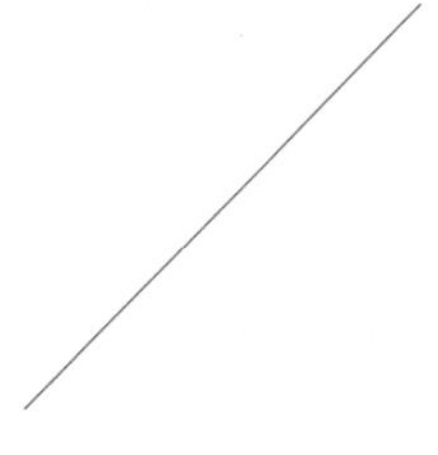

독서법 책을 독파하다

독서를 전혀 할 줄 몰랐던 '독서 왕 초보'가 회사를 그만두고, 무작정 도서관에 매일 출퇴근(?)하면서 책을 읽기 시작했다. 첫 8개월 동안은 '밑 빠진 독에 물 붓기' 식의 독서를 했다. 그러다 어느 순간 잘못됐음을 직감하고 2개월 동안 독서법과 관련한 책이라는 책은 거의 다 읽고 다시 독서를 시작했다. 위대한 인물, 위대한 가문, 위대한 나라를 만드는 것은 위대한 독서가 아니라 위대한 독서법이었다.

조선은 세계 최고의 독서 강국이었지만, 그 후손인 한국은 세계 최하위 수준의 독서 후진국이다. 독서의 양과 깊이가 이웃 나라 일본과 중국보다 현저하게 적고 얕다. 선진국은 책 읽기와 책 쓰기를 중요시하고 그것을 위한 실용적인 방법과 기술을 충분히 배우지만, 한국은 책 읽기와 책 쓰기를 너무 경시한다. 그래서 책 읽기와 책 쓰기를 못하는 사람들로 차고 넘친다.

독서법은 연장 즉 도끼와 같다. 도끼를 잘 가는 데는 많은 시간을 투자할 필요가 있다. 도끼를 잘 갈면 한 시간에 하나의 나무를 할 수 있다고 하자. 도끼를 한 번도 갈지 않고 사용 한다면 나중에는 나무 하나를 하는 데 다섯 시간, 열 시간이 걸릴 것이다.

그렇다면 독서 시간의 가치를 극대화시켜야 한다. 열 시간 동안 독서를 해서 겨우 한 권의 책을 읽고 이해하는 것과 동일한 시간 동안 최소 다섯 권 이상의 책을 읽고 다 이해하는 것, 어느 것이 더 독서를 효과적으로, 유익하게 한 것일까? 물론 후자다.

독서는 자전거 타기처럼 그 방법을 배워야만 잘할 수 있고, 즐길 수 있다. 자신이 독서를 제대로 하고 있는지 의문이 들거나 독서가 즐겁지 않다면, 가장 먼저 자신의 독서법과 독서력을 점검해야 한다. 효과 없는 독서법에서 당장 벗어나야 한다.

두 달여 시간 동안 독서법 관련 책을 읽고 실제 독서에 이 방법들을 적용하여 필자에게 맞게 응용하지 않았다면, 여전히 읽기는 읽었는데 아무런 변화가 없는 독서를 하고 있을 것이다.

효과적인 독서법은 무엇일까? 관련 책을 읽고 이를 토대로 생각을 정리해보았다. 그렇게 나온 필자의 책이 《48분 기적의 독서법》이다. 여기서는 독서의 동기 부여와 독서 습관에 대한 이야기를 했다.

그 다음으로는 올바른 독서법을 고민했고, 《김병완의 초의식 독서법》이라는 책으로 정리해 내놓았다. 하지만 이것으로 만족할 수가 없었다. 어느 정도 책을 읽다 보니 넓고 깊게 많이 읽는 훈련이 되었는지, 기술 하나를 터득하게 되었다. 《1시간에 1권 퀀텀 독서법》에 그내용이 담겨 있다. 이 책은 앞서 나온 세 권을 관통하는 종합본의 성격을 띠는 '완벽한 독서법'에 대한 이야기다.

기존의 독서법 관련 책을 독파하고 다시 책을 읽기 시작했을 때는 독서 습관이 가장 중요하다고 여겼다. 그렇게 몇 년 동안 책을 읽다 올바른 독서법과 독서 기술을 터득하기 위한 훈련이 더 중요하다는 것을 깨달았다.

수영을 전문가에게 제대로 배운 사람과 시골 강가에서 개헤엄만 친 사람은 엄청난 차이가 있다. 50미터 수영을 할 때는 차이가 별로 드러나지 않지만, 1킬로미터를 수영한다면 엄청난 격차가 벌어지고, 아마도 한 명은 중도 포기를 할 것이다.

독서도 마찬가지다. 제대로 된 효과적인 독서법이 없다면, 힘들게 독서한 것이 모두 헛수고가 될지도 모른다. 더 큰 문제는 많은 양의 책을 섭렵하기 힘들다는 데 있다. 그래서 독서의 양과 깊이가 적고 얕은 것이다.

독서는 그렇게 만만하지 않다. 독서를 잘 하고 제대로 배운 고수에게 독서는 매우 유익하고 효과적인 것이지만, 독서를 못하는 이에게는 에너지와 시간만 낭비하는 소모적인 것이 되거나 스트레스가 될 수 있다.

지금부터 이 장에서 소개하는 세 가지 독서법을 기반으로 2장에서부터는 올바른 독서법과 독서 기술의 의미와 중요성, 노하우 등을 살펴볼 것이다. 소개하는 세 가지 독서법을 반드시 숙지할 필요는 없다. 다만 기존 독서법의 어떤 문제를 해결하기 위해 이런 독서법이 어떻게 만들어지게 되었으며 이 독서법이 어떤 면에서 유익한지 이해하기 위해서는 이것이 유용한 기초 정보가 될 것이다. 먼저 독서 습관을 기르기 위한 방법인 '3년 1000권 독서법'부터 살펴보자.

3년 1000권 독서법, 인생 역전 책 읽기 프로젝트

평범한 책 읽기에 머물면 평범한 삶을 살 수밖에 없다. 평생 개미처럼 일만 하면서 지친 삶을 살아야 한다. 하지만 비범한 독서를 하면 인생 또한 비범하게 바뀐다. 비범한 독서는 필자가 3000권의 책을 독파하는 순간, 인생에 기적처럼 일어났다. 책 쓰기를 배운 적도, 한 적도 없는 사람이 책을 써낼 수 있는 사람으로 바뀌었다. 출판사와 계약을 하는 작가로 그것도 베스트셀러 작가로 바뀌었다. 이것이 바로 독서의 위력이다. 더 구체적으로 이야기하면 다독多讀의 힘이다.

책을 읽지 않으면 평생 지금의 수준에 머물 수밖에 없다. 성공을 위한 가장 확실한 방법은 평범한 독서가 아니다. 어느 정도의 양을 돌파하는 독서, 즉 임계치臨界値를 넘는 다독이다. 성공한 사람들이 가지고 있는 독서법의 두 가지 공통점 중에 하나는 그냥 독서가 아닌 다독임을 알아야 한다.

또 하나의 공통점은 3년이라는 시간 투자이다. 인생 역전을 바란다면 최소 3년은 투자해야 한다. 남들과 똑같은 삶을 살면서 남들보다 더 큰 성공을 바란다면 가당치 않다. 세상에 공짜는 없다. 심은 만큼 거두고, 읽은 만큼 달라진다. 성공에는 분명한 법칙이 있지 않는가? 어떤 분야의 최고 전문가가 되기 위해서는 최소 10년 정도는 집중적으로 준비 해야 한다.

'작고 하찮은 것들의 합집합이 거대한 힘의 결정체가 된다'고 톰 피터스는 말했다. 한 권의 책은 작고 하찮은 것처럼 여겨질지도 모른다. 책 한 권을 읽는 시간 역시 인생에 있어도 그만 없어도 그만인 하찮은 시간으로 여겨질지도 모른다. 하지만 그것이 3년 동안 이어질 때 1000권이라는 큰 위력이 발생한다. 1000권에서 시작되는 인생 역전을 경험할 수 있게 된다.

시간은 누구에게나 공평하다. 공평하게 주어진 시간이라는 자본을 잘 이용하는 사람이 승자가 되고 성공할 수 있다. 독서의 기술을 가진 자와 그렇지 못한 자 또한 바로 이 점에서 큰 차이가 발생한다.

평균 수명인 90세의 인생 주기를 24시간에 비유하면, 3년은 48분을 의미한다. 우리가 90세까지 산다고 할 때 3년을 독서에 투자한다는 것은, 평생을 하루로 쳤을 때 48분을 독서에 투자하는 것과 다름없다.

하루에 48분만 투자하라는 것, 이것이 '48분 독서법'의 핵심이다. 하루 48분 독서로 잔잔한 삶에 혁명의 파도를 일으킬 수 있다. 소가 수레를 끌고 가듯, 습관이 우리의 삶을 끌고 간다. 하루 48분 독서가 습관으로 정착되면, 인생이 바뀌는 것은 시간문제다. 습관이란 인간으로 하여금 무엇이든 해낼 수 있게 하기 때문이다.

48분 독서법을 실천하고 습관으로 만들면 의식과 사고력이 비약적으로 도약하는 것을 경험할 수 있고, 의식 혁명이 이루어지면 통찰력과 상상력도 길러진다. 통찰력과 상상력은 한 인간으로 하여금 남들이 하지 않았던 일에 도전할 수 있게 길을 열어주고, 새로운 개척자로 도약할 수 있게 한다.

48분 독서가 어떻게 기적을 일으키는 어떤 책을 읽을 것인지 고민하지 않아도 좋다. 양서나 추천 도서만 읽어야 한다는 고정관념에서 벗어날 수만 있다면, 책을 처음부터 끝까지 빠짐없이 읽어야만 한다는 고정관념에서 벗어날 수만 있다면 말이다.

독서를 하다 보면 책을 고르는 능력은 저절로 생긴다. 그것은 자신의 의식과 사고가 무한대로 확장되고 있음을 알려주는 신호다. 명저 한 권의 함정에 빠질 필요는 없다. 때로 명저 한 권보다는 도서관에서 쉽게 구할 수 있는 1000권의 책에서 더 많은 지혜와 통찰력을 얻을 수 있다.

독서에는 천부적인 재능이 필요하지 않다. '우공이산愚公移山'의 교훈처럼, 우직하게 엄청난 양의 독서를 하는 끈기와 기개만이 필요하다. 끈기와 기개 없이 위대한 독서가가 된 사람은 많지 않다. 끈기와 기개를 가지고 우직하게 읽는 사람은 자신은 물론 천재도 이긴다. 양이 넘쳐야 질이 높아진다.

책을 읽으면 만 배의 이익이 있다고 한다. 독서 습관은 100억 원보다 더 가치 있는 것이라고 한다. 인간의 무한한 잠재력을 일깨우고 능력을 개발하는 데 독서만 한 것도 없다. 학벌도, 스펙도, 인맥도 없는 가난한 사람이 부자가 될 수 있게 해주고, 성공할 수 있게 해 주는 것으로 독서만 한 것도 없다. 세상이 얼마나 다채롭고 광활하고 즐거운 곳인지, 성공의 기회와 눈부신 희망이 가득 차 있는 곳인지를 책만큼 더 많이 알게해 주는 것은 없다.

초의식 독서법,
읽고 생각하고 써라

우리 선조들 중에는 독서의 신神이 많다. 세종대왕, 율곡 이이, 정조 대왕, 다산 정약용 등. 이 중에서 필자가 가장 놀랍게 생각하는 인물은 다산 정약용이다. 정약용은 어떤 방법으로 독서를 했을까? 그는 평생 세 가지 독서법으로 독서를 했다고 한다. 그중 두 아들에게 강조하고 또 강조했던 독서법이 '초서 독서법'이다.

흔히 중요한 부분을 뽑아서 기록하는 독서법이라 일컬어지는 초서 독서법은 필자를 절망과 좌절의 1년차 독서기에서 구원해준 독서법이기도 하다. 그리고 그후부터 지금까지 변함없이 실천하고 있는 독서법이기도 하다. 다산 정약용, 세종대왕, 중국에서는 모택동이 실천했던, 그리고 마키아벨리가《군주론》과《로마사 논고》를 쓸 수 있게 해준 독서법이다.

그런데 이렇게 훌륭한 초서 독서법에 대한 책이 한국에 한 권도 없다는 사실은 충격이었다. 아니 매우 안타까웠다. 필자의 견해로는 세계 최고의 독서법이자 천재를 만든 유일무이한 독서법이 초서 독서법이기 때문이다.

그래서《김병완의 초의식 독서법》을 쓰게 됐다. 초서 독서법과 의식 독서법에 대한 내용을 담았으므로 '초의식 독서법'이라는 제목을 사용했다. 많은 이들이 심지어 독서 전문가조차도 초서 독서법을 초서하는 독서법, 기록하는 독서법, 필기하는 독서법이라고 너무나 단순하게 정의내린다. 하지만 초서 독서법의 진가는 실로 엄청나다.

초서 독서법을 그저 기록하는 독서법, 필기하는 독서법이라고 하는 것은 하버드대학교를 초등학교와 동일시하는 것과 다름없다. 초등학교를 나온다고 해서 인생이 달라지지는 않는다. 하지만 하버드대학교를 나오면 인생이 정말 달라질지도 모른다. 똑같이 '학교'라는 이름을 사용하고 있지만, 초등학교와 하버드대학교는 수준과 차원이 다르다.

초서 독서법도 마찬가지다. 필기하는 독서법, 기록하는 단순한 독서법과는 차원이 다르다. 초서 독서법은 우리의 재능을 단련하게 해주는 독서법이기 때문에 초서 독서법으로 독서를 몇 년 이상 한 사람은 재능에 불이 붙고 전문가로 도약하게 된다.

초서 독서법의 진짜 효과와 위력은 '손을 사용한다'는 단순한 이유에만 있는 것이 아니다. 초서 독서법의 더 큰 위력과 효력은 뇌를 사용하고 단련시켜준다는 데 있다. 어떻게? 바로 5단계의 독서 과정을 통해 사고하는 뇌, 창조하는 뇌, 통합하는 뇌, 판단하는 뇌, 메타 인지하는 뇌, 인출 작업과 정교화 작업을 하는 뇌로 도약시켜주는 것이다. 초서 독서법은 '입지 → 해독 → 판단 → 초서 → 의식' 단계라는 아주 복잡한 5단계 과정을 거친다.

1단계와 5단계에서는 메타 인지 학습 효과가 있고, 3단계와 4단계에서는 인출 작업과 정교화 작업이 이루어진다. 이런 효과는 기존의 독서법인 읽고 이해하는 수동적이고 좁은 범위의 독서에서 벗어나 독서하는 자신을 통찰하게 해주고, 나아가 책의 내용과 저자의 주장을 비판하고 평가해서 선택하게 해주고, 책의 내용을 한 문장으로 요약하는 훈련을 통해 인출 작업과 정교화 작업까지 할 수 있게 해준다.

즉 수동적이고 좁은 의미의 독서 활동을 책을 읽는 자신과 책을 읽은 후 자신의 의식 변화까지 통찰하고 평가하는 활동으로, 적극적이고 능동적으로 책의 내용을 비판하고 평가해서 새로운 뭔가를 만들어내는 넓은 의미의 독서 활동으로 확장시킨다. 한 권의 책을 제대로 깊게 넓게 이해하고 책의 주제와 내용에 대해서 정통할 수 있도록 도와주는 셈이다.

초서 독서법의 본질은 생각하고 기록하고 통찰하고 새로운 것을 창조하는 모든 인지 과정의 통합이다. 천재를 양성하는 최적의 조건인 '신중하게 계획된 심층 연습'이 독서에 정확히 접목된 천재를 만드는 독서법이기도 하다. 또한 생각의 근육을 키우고 글쓰기와 책 쓰기를 하는 데 가장 효과적인 훈련 방법이다. 초서를 하는 순간 뇌 전체가 움직일 뿐만 아니라 글쓰기 근육도 가동되기 때문이다.

《김병완의 초의식 독서법》에서는 초서 독서법뿐만 아니라 가장 오래된 독서법인 '독서삼도讀書三到'의 본질과 닮아 있는 '의식 독서법'도 소개한다. 독서삼도란 정신까지 집중해서 독서하라는 것이다. 심도, 안도, 구도, 즉 마음과 눈과 입을 모두 사용해서 책에 빠져들라는 것이다. 이렇게 마음까지 책에 빠져든 상태를 '독서삼매경'이라고 한다.

독서삼도라는 말은 800년 전 중국 남송 시대 때의 유학자였던 주희에게서 비롯되었다. 책을 읽는 요령은 눈으로 보고, 입으로 소리 내어 읽고, 마음에서 얻는 것인데, 그 중에서 제일 중요한 것은 마음에서 얻는 것이라고 그는 주장했다. 독서에는 눈과 뇌뿐만 아니라 의식과 온 몸이 필요하다. 이 사실을 강조하는 것이 의식 독서법이다.

규장각 현판에 걸려 있는 '객래불기客來不起'라는 말은 정조가 규장각 학자들에게 하사한 말인데, 여기에 의식 독서법의 본질이 담겨 있다. 이는 독서를 하는 사람은 왕이 들어오더라도 절대 책에서 눈을 떼지 말고 일어서지 말라는 의미로, 의식을 집중해서 책을 읽으라는 뜻이다.

초서 독서법의 요체는 한 권의 책을 읽었다면 하나의 문장으로 완벽하게 요약하는 것이다. 제대로 완벽하게 한 권의 책을 요약하기 위해서는 필요에 따라 그 책을 수십 번도 더 읽어야 하고, 수백 번도 더 생각하고 판단하고 취사선택하고 창조해야 한다.

'법고창신法古創新'이라는 말이 있다. 이는 옛것을 본받아 새로운 것을 창조한다는 뜻이다. 초서 독서법은 이 말과 매우 닮아 있다. 과거와 현재의 수많은 책을 읽고 새로운 의식과 생각과 아이디어를 창조하는 독서법이 바로 초서 독서법이기 때문이다.

초서 독서법의 중국 대표인 모택동은 붓을 들지 않는 독서는 독서가 아니라고까지 했다. 그만큼 연필을 들고 기록하는 것은 매우 중요하다. 하지만 그것이 전부가 아니다. 그렇게 기록하기 위해서는 먼저 많은 생각과 판단과 통합과 창조를 해야만 한다. 그 과정에서 사고의 근육이 단단해지고, 책의 범위와 수준을 뛰어넘어 자신의 수준까지 뛰어넘는 천재로 도약하게 되는 것이다.

효과적인 독서법이 있는 사람과 없는 사람에게는 아주 큰 차이가 있다. 누구나 책을 읽지만 뛰어나게 잘 읽는 사람은 드물다. 그렇다면 초서 독서법이 정말로 효과적인 독서법인지 앞서 말한 5단계의 독서 과정을 통해 살펴보도록 하자. 초서 독서법은 다음의 다섯 단계로 요약할 수 있다.

1단계: 입지(立志)

⇒ 주관 의견_ 메타 인지 학습

2단계: 해독(解讀)

⇒ 읽고 이해_ 적극적인 독서

3단계: 판단(判斷)

⇒ 취사선택_ 사고 훈련

4단계: 초서(鈔書)

⇒ 기록_ 인출 작업 · 정교화 작업

5단계: 의식(意識)

⇒ 의식 확장_ 메타 인지 학습

1단계인 '입지'는 책을 읽기 전에 자신의 주관을 먼저 확립하는 단계다. 책을 읽고 있는 자신의 경험과 지식을 지식화하는 메타 인지 학습 단계이다. 자신이 세운 주관을 토대로 취할 것인지 버릴 것인지 결정하기 때문에 자신의 의견 없이 그저 책을 읽는 사람은 앵무새 독서나 원숭이 독서만 하게 되는 오류에 빠지기 쉽다.

2단계인 '해독'은 보통 사람들이 독서를 통해 글을 읽고 이해하여 책의 핵심 주장과 내용이 무엇인지 파악하는 단계이다. "독서는 뜻을 찾아야만 하루에 1000권의 책을 읽어도 효과가 있다"고 다산 선생이 말했듯이 책을 통해 그 책의 뜻과 의미를 정확히 파악하는 과정이다.

3단계인 '판단'은 취사선택 단계다. 생각 훈련을 통해 책의 내용과 자신의 생각을 비교하고 저울질하는 것이다. 자신의 생각을 정리한 것을 토대로 취사선택, 비교 분석, 통합하고 성찰하고 생각하는 과정이다. 생각하고 또 생각하게 하는 과정이므로 사고 훈련 단계라고 할 수 있다.

4단계인 '초서'는 인출 작업과 정교화 작업을 할 수 있는 단계이다. 책의 핵심 문장과 자신의 견해와 생각뿐만 아니라 책의 핵심 내용을 뽑아내고, 그것을 한 문장으로 정교화하는 작업을 하면서 4단계와 5단계를 실천한다. 이 과정을 통해 자신은 독자가 아닌 제2의 작가가 된다.

5단계인 '의식'은 최종 단계다. 독서하고 사고하고 비판하고 창조한 모든 것을 요약하고 정리하는 단계인 동시에 자신의 의식 변화를 메타 인지하는 과정이다. 이 책을 읽음으로써 자신의 의식과 생각과 주관이 어떻게 바뀌었는지 기록하는 과정이다.

시간을 가지고 초서 독서법의 5단계를 전부 실천하면 가장 좋지만, 실천이 어려운 독자들을 위해 현대식 초서 독서법인 'BTMS 독서법'을 간단하게 소개하겠다. 이는 4단계를 통해 한 권의 책을 완전히 자신의 것으로 소화시킬 수 있도록 만든 독서법이다. 초서 독서법의 원리에 근거를 두고 의식 강화와 의식 확장을 더 추가하여 신개념 초의식 독서법을 만들었다.

1단계: Book

⇒ 책을 읽고 핵심 내용과 중요 문장 파악

2단계: Think

⇒ 자신의 주관, 생각, 견해를 책에 덧입힘

3단계: Mind

⇒ 책을 통한 자신의 의식 변화 성찰

4단계: Summary

⇒ 이번 독서에 대해 요약, 'One Book One Sentence'/
'1+1 book choice'로 마무리

간단하게 설명하면 Book(책)을 읽고, Think(생각)하고, Mind(의식)를 확장하고, 한 문장으로 Summary(요약)하는 과정을 독서 노트에 기록하는 독서법이다. 이러한 깊이와 넓이가 있는 체계적인 독서법을 한 단계씩 밟아가다 보면 도능독徒能讀에 불과한 독서에서 벗어날 수 있다. 뿐만 아니라 독서 노트의 각 단계별로 'Before'와

'After' 칸을 만들어 읽은 후의 사항만을 기록할 것이 아니라 읽기 전후, 생각하기 전후, 의식을 확장하고 의식이 변화되기 전후를 기록하고 성찰해봄으로써 깊이 있는 독서가 가능하게 해준다.

첫 번째인 'Book' 단계에서는 철저하게 책을 읽고 책의 핵심 내용, 핵심 문장, 핵심 표현, 작가의 주장 등과 같이 책에 대한 것을 파악한다. 'Before' 칸에는 책 읽기 전에 이 책의 주제에 대한 자신의 생각과 견해를 간단하게라도 적고, 'After' 칸에는 책을 읽고 나서 알게 된 책의 내용과 핵심 문장, 핵심 표현, 작가의 주장과 메시지를 적는다.

두 번째인 'Think' 단계에서는 자신의 생각이 주가 되어 책을 읽고 책과 작가에 대한 자신의 생각을 거침없이 기록한다. 책을 읽기 전에 이 책의 주제에 대한 자신의 생각이나 입지, 주관을 밝히고, 이 책을 읽은 후에 자신의 생각을 가감 없이 밝힌다. 책의 내용과 책과 관련된 사항을 적는 1단계보다 2단계 노트가 많을수록 초급에서 중급, 고급으로 독서 수준이 향상되었다고 할 수 있다. 이 단계가 바로 맹자가 말한 독서법인 '이의역지以意逆志' 독서법의 요체인 부분인데, 이것은 '자신의 뜻으로 지은이의 뜻을 거슬러 새로운 것을 구하는 것'을 의미한다.

세 번째인 'Mind' 단계는 초의식 독서법, 즉 BTMS 독서법에만 유일하게 있는 과정이라고 할 수 있다. 책을 읽고 지식이나 느낀 점, 깨달은 점을 배운 것에 만족하지 않고, 책을 통해 자신의 삶에 직접적으로 영향을 끼칠 수 있고, 당장 행동을 바꿀 수 있게 해주는 자신의 의식이 변화 · 확장되게 하고, 그 과정을 기록하는 단계이다. 이 단계에서도 'Before'와 'After' 칸을 만들어, 자신의 의식을 성찰하고 검증해야 하고, 이 책을 읽으면서 그리고 읽고 난 후에 자신의 의식의 변화 또한 기록한다. 나아가 인생과 세상, 삶과 죽음, 성공과 실패, 타인과 가족에 대해서도 자신의 의식의 흐름이 어떤 식으로 조금이라도 변화되었는지에 대해 성찰하여 기록한다. 독서법 혹은 독서 노트를 가르치는 많은 독서 전문가들이 놓치는 부분도 이 부분이라고 할 수 있다. 이 부분은 다산 선생이 말한 '둔필승총鈍筆勝聰' 즉, 둔한 붓이 총명한 인간의 의식을 이긴다는 원리를 우리 삶에 적용시킬 수 있게 되는 중요한 과정이다.

많은 사람들의 둔필승총이 2단계 혹은 기록에만 집중되는 경향이 있지만 자신의 의식 변화와 의식의 확장을 기록함으로써 평범한 상태에서 벗어나 총명한 상태를 능가할 수 있다고 필자는 생각한다.

네 번째 'Summary' 단계는 필자가 가장 강조하는 "단 한 권의 책을 읽었다면 반드시 한 문장으로 요약할 수 있어야 한다"라는 말과 "한 권의 책을 읽었다면 다른 책으로 이어져야 한다"라는 말을 적용하고 실천하는 단계로 한 권의 책에 대한 마무리 단계다.

'One book One sentence' 즉 OBOS를 작성하는 과정이자, '1+1 book choice' 즉 이 책을 통해 읽고 싶어진 또 다른 책 혹은 읽고자 하는 또 다른 책에 대해 자신의 입지와 주관을 미리 세우고 어떤 식으로 읽을 것인가를 밝히는 과정이다.

초서 독서법은 우리 선조들이 개발한 세계 최강의 독서법이며, 우리의 몸과 정서와 문화에 가장 잘 맞는 최적화된 독서법이다.

1시간에 1권 퀀텀 독서법, 하루 30분씩 3주면 된다

독서에도 혁명이 필요하다. 자신의 독서법에 그 어떤 자극도 도전도 검증도 받지 않는 한국인들에게 독서력에 대한 각성과 도전의 기회를 주고, 엄청난 자극을 주는 책이 《1시간에 1권 퀀텀 독서법》이다. 이 책은 '퀀텀 독서법'을 발견한 후 5년 동안 독서법을 배우기 위해 전국 각지에서 모인 분들에게 꾸준히 독서법을 가르친 결과물이다.

'퀀텀 독서법'은 한국인들이 독서 속도를 포기한 채 이해 중심의 독서만을 하기 때문에 생기는 여러 가지 부작용과 문제점을 해결해 준다. 이런 독서의 가장 큰 문제는 이해력이 향상되지 않는다는 것과 느린 속도 때문에 많은 책을 섭렵할 수 없다는 것이다.

퀀텀 독서법은 이해를 포기한 속도 중심의 독서법이 아니다. 오히려 속도를 이용하여 이해력을 향상시키는 이해 중심의 독서법이다. 기존의 속독법은 눈 운동 중심의 단순 독서법이지만, 퀀텀 독서법은 뇌 기능 중심의 이해법이다. 한 글자씩 이해하던 기존의 방식에서 완전하게 벗어나 한 줄 혹은 세 줄, 심지어는 다섯 줄을 한 번에 읽고 이해하는 방식의 독서법이다. 독자의 이해의 차원과 수준이 달라져야만 가능한 독서법이다.

기존 독서의 이해 방식은 한 글자씩 이해하는 방식, 즉 평면적이고 순차적인 방식이었다면, 퀀텀 독서의 이해 방식은 여러 단어와 문장을 한 번에 이해하는 방식, 즉 입체적이고 동시다발적인 방식이다. 그래서 이해력의 차원이 2차원에서 3차원으로 달라지고, 이해의 범위와 폭이 한 번에 여러 개의 글자와 문장을 이해하는 수준으로 향상되어야 한다.

퀀텀 독서법에서 이야기하는 독서 천재는 책을 제대로 많이 깊게 넓게 읽고 이해하는 독서의 고수를 의미한다. 수강생들 중에서도 퀀텀 독서를 보는 독서로 오해를 하는 분들이 많은데, 보는 것이 아니라 읽고 이해하는 독서다.

독서는 눈으로 하는 것이 아니다. 독서는 뇌의 활동이고, 가장 고차원적인 인지 활동이다. 책을 읽었는데 이해가 되지 않는다고 하는 사람들이 많다. 여기에는 두 가지 이유가 있다. 첫 번째는 배경지식과 어휘력이 절대적으로 빈약한 경우다. 이런 경우는 아무리 천천히 읽어도 제대로 이해할 수 없다. 두 번째는 이해력이 절대적으로 낮은 사람이다. 이해할 수 있는 근육, 이해하는 힘은 결국 눈이 아니라 뇌의 전두엽에서 나온다. 전두엽 중에서도 '전두전야'라는 부위다. 이 부위를 평소에 많이 사용하여 활성화시킨 사람은 이해 근육과 이해 기능, 인지 능력이 높다. 하지만 대부분의 사람들은 이해력과 인지 능력이 낮다. 그래서 책을 제대로 읽어낼 줄 아는 사람들이 그렇게도 적은 것이다.

30년 동안 매일 탁구를 친 탁구 동호회 회장과 3년 동안 탁구만 친 탁구 선수가 있다고 하자. 누가 더 탁구를 잘 칠까? 탁구 선수와 탁구 동호회 회장의 실력 차이는 절대 넘지 못하는 벽이 있을 정도로 엄청나다. 물론 탁구 선수가 엄청나게 잘 친다. 독서도 이와 다르지 않다.

많은 한국인들이 탁구 동호회 회장처럼 평생 독서를 가까이 하지만, 독서를 제대로 하는 훈련을 한 적이 없고, 자신의 낮은 독서력에 불만을 가지거나 변화를 시도할 생각조차 하지 않는다. 퀀텀 독서법은 바로 이런 점에서 혁신을 추구한다.

퀀텀 독서법은 단순한 독서법 훈련과 기술이 아니다. 퀀텀 독서법 훈련을 하는 사람은 치매나 알츠하이머에 걸리지 않을 것이다. 그것은 퀀텀 독서법 훈련과 기술이 뇌의 기능을 향상시켜주고 뇌를 강화시켜주는 브레인 피트니스 운동인 동시에 가장 효과적인 인지 자극 훈련이기 때문이다.

'퀀텀 리딩 스킬'에서 가장 중요한 것은 공감각과 초공간이다. '공감각 리딩 훈련'은 다양한 방법의 읽기 훈련을 통해 뇌의 서로 다른 복합적인 감각들을 깨워 통합적으로 작동하게 하는데, 이를 통해 독서력과 이해력, 인지력, 몰입력, 주의력 등을 극대화시킬 수 있다.

공감각 훈련법은 잠자고 있는 독서 인자와 능력을 깨우는 데 큰 효과가 있다. 이런 훈련이 효과가 있는 이유는 인간의 뇌가 다중감각적인 정보를 중심으로 설계되었기 때문이다. 독서 천재들은 모두 의식과 무의식을 통합하여 뇌의 능력을 극대화시키는 것에 성공한 사람들이라고 볼 수 있다. 그들은 모두 오랜 독서 훈련을 통해 무의식으로 읽기, 이미지로 보기, 통합적으로 읽고 이해하기, 주변 시야 보기와 읽기 등에 능통한 이들이다.

독서 천재들을 연구해보면 독서의 기본적인 4단계 메커니즘 중에서 2단계와 3단계 활동을 하지 않고 곧바로 4단계 활동을 하는 것을 알 수 있다. 즉 '눈으로 글자를 보기→입으로 읽기→청각적 자극(소리) 듣기→뇌로 이해하기'가 기본적인 메커니즘인데, 독서 천재들은 여기서 두 단계를 건너뛴다. 그래서 하루 종일 독서를 해도 눈이 덜 피곤하고 몸이 덜 지치는 것이다. 속도와 이해력은 말할 것도 없이 매우 뛰어나다.

독서를 할 때 중요한 것은 얼마나 많은 에너지와 시간이 필요한가이다. 무턱대고 독서를 한다면 몸과 마음이 쉽게 축나고 시간과 에너지도 심하게 낭비될 수 있다. 하지만 제대로 된 훈련 기술과 연습을 해서 독서력을 향상시킨 후에 독서를 하게 되면, 에너지와 시간을 절약할 수 있고 더 많은 책을 더 쉽게 더 빠르게 더 효과적으로 읽을 수 있다.

퀀텀 독서법은 책만 읽고 이론적으로 터득할 수 있는 이론 중심의 기술이 절대 아니다. 그래서 독학을 하는 독자들의 성공 확률이 매우 낮다. 3주 동안 꾸준히 30분을 투자해야 하는데, 며칠 해보고 멈추는 이들이 태반이다. 하지만 수업을 통해 3주 동안 제대로 훈련을 하면, 전부는 아니더라도 80~90퍼센트 이상의 수강생은 확실하게 도움을 얻게 된다.

1주차 때는 의심스러운 눈빛으로 수업을 듣고 실습을 하고 훈련을 하지만, 2주차 때는 많은 수강생들이 한 줄이 한꺼번에 보이는 경험을 하고, 보이는 정도가 아니라 이해까지 되는 신기한 경험을 한다. 3주차 때 어떤 이들은 한 페이지가 다 보이는 경험을 하게 된다.

여기서 가장 중요한 것은 자신의 의식과 생각이다. 너무 쉽게 갑자기 독서 속도가 빨라지고 많은 글자들이 한눈에 들어오면 자신을 믿지 못하고 어리둥절하면서 당황해하는 사람들이 적지 않다. 이때 마음을 추슬러서 심기일전하지 못하는 사람들은 그 수준에서 정체될 수 있다. 이런 낯선 상황에서 마음이 흩트러져서는 안 된다. 최고로 도약하고 성장하겠다는 의지를 다져야 한다.

한 페이지가 아니라 양 페이지 읽기도 해내겠다는 의지가 중요하다. 어제의 자신의 실력과 결별하는 것이 중요한데, 많은 이들이 어제까지의 자신의 독서 방식과 독서력과 쉽게 결별하지 못한다. 마치 어제의 자신이 기준이라도 되는 듯 말이다.

퀀텀 독서법은 한 마디로 자신을 뛰어넘어 퀀텀 점프하는 것을 추구한다. 어제와 다른 자신을 두려워해서는 안 된다. 그것을 하려고 퀀텀 독서를 하는 것이기 때문이다. 퀀텀 독서법의 유익함을 정리하면 이렇다.

1. 속발음이 저절로 사라진다.
2. 이해력이 높아진다.
3. 책을 읽을 때 집중력이 높아진다.
4. 훈련 두 번째 주부터 한 줄이 한꺼번에 보이기 시작한다.
5. 기술 훈련만 했을 뿐인데 좌우 시폭이 많이 확대된다.
6. 눈의 피로도가 거의 사라진다. 하루 종일 책을 읽어도 덜 지친다.
7. 효과적인 인지 자극 훈련이 동시에 되어 뇌 건강, 뇌 기능, 뇌 강화에 좋다.
8. 생각지도 못했던 '포토 리딩'이 저절로 된다.
9. 독서를 하던 중에 갑자기 한 페이지가 보이기 시작할 수 있다. 이는 독서 초고수들이 경험할 수 있는 수준이다.
10. 하루 열 권, 한 시간에 한 권 읽기가 가능하게 된다.

책을 읽는다는 것은 사람만이 가진 삶의 특권이다. 그리고 그런 삶의 특권인 독서를 통해 우리는 한 번도 가보지 못했던 신대륙을 발견하듯 한 번도 경험하지 못한 새로운 경지로 나아갈 수 있다. 자신의 가치를 높이고 비전을 성취하고 자신의 삶을 성공으로 인도하는 것은 다름 아닌 자신의 생각과 의식이다.

인간이 만든 것 중에 가장 위대한 것은 책이다. 책은 위대한 천재가 우리에게 남겨준 위대한 유산이다. 흔히 말하는 '큰사람'은 모두 책이 만들었다고 해도 과언이 아니다. 책을 한 권 읽었다면 그 만큼의 발전과 유익이 있다. 우리의 존재 가치와 의미를 결정짓고 수준과 품격을 향상시키는 것은 우리가 읽은 책이다. 책이라는 유산을 오롯이 자신의 것으로 만드느냐 마느냐를 결정짓는 것이 바로 독서 습관과 기술이다. 독서의 깊이와 양과 질이 우리 인생의 격을 좌우한다.

미국에는 공공 도서관이 대략 9000개, 독일에는 8000개, 일본에는 3500개, 영국에는 4000개가 있다. 하지만 한국에는 1000개도 안 된다. 더 분발해야 한다. 다행히도 국립중앙도서관은 2015년 5월, 세계에서 열다섯 번째로 장서 1000만 권 시대를 열었다. 우리나라의 미래는 밝다. 여기에 국민들이 모두 독서 천재이고, 독서력이 상당한 수준이라면 미래는 더 밝을 것이다.

2장

우리는 잘못된 방식으로 읽고 있다

"명색은 책을 읽는다 하면서 실제 몸으로 행하지 못하면 문장을 아름답게 꾸미게 하고 입만 번지르르하게 하는 도구일 뿐이니, 진정한 학문, 즉 참된 공부가 아니다."

_ 명재 윤증

1차원 독서법에 머물러 있는 당신

사람들은 대개 자신이 독서에 무능력한 상태 혹은 그것과 비슷한 수준이라는 사실을 잘 의식하지 못한 채 살아간다. 자신이 독서하는 방법을 모르고 있다는 사실조차 모른다. 독서를 자유자재로 할 줄 모른다는 사실을, 독서를 잘하기 위해서는 독서법을 제대로 배워야 한다는 사실을 깨닫지 못한 채 살아가는 사람이 적지 않다.

1차원 독서법에 평생 머물러 있는 독자에게 독서는 무거운 짐을 지고 가는 일과 다름없다. 독서가 힘들고 어렵고 스트레스를 주는 괴물과 다름없다. 독서를 잘하는 사람들은 3차원 혹은 4차원 독서를 한다. 심지어 그들은 독서를 즐길 줄 안다. 왜일까? 갈수록 독서법이 진화되었기 때문이다. 그들은 알게 모르게 독서력이 지속적으로 향상되는 몇 안 되는 사람 중에 한 명이기 때문이다.

그런 이들 중 대표적인 인물은 누구일까? 율곡 이이 선생이 있다. 율곡 선생은 한 번에 열 줄 이상을 눈으로 보고 뇌로 인식했던 독서의 거인이자 독서 천재였다. 아홉 차례 과거에 장원급제하여 '구도 장원공九度壯元公'이라는 별명을 얻을 만큼 조선 시대에 공부를 가장 잘했던 율곡 선생은 자신의 어머니 묘지에서 3년 상을 치르며 독서만 했다. 이것이 '3년 1000일 독서'다.

3년 1000일 독서란 무엇일까? 3년 동안 일상생활을 거의 하지 않고 종일 독서만 하는 독서 집중 기간을 의미한다. 이렇게 3년 1000일 독서를 한 인물이 또 한 명 있다. 바로 교보문고 창립자인 대산 신용호 선생이다. 중학교를 다닐 형편도 건강도 못 되어 집에서 3년 1000일 독서를 실천한 결과 교육 보험이라는 새로운 보험을 만들었고, 독립운동 후원과 민족 자본 형성에 힘을 보탠 민족 지도자가 될 수 있었다.

검증되지 않은 독서법

필자의 주장에 동의하지 않는 사람도 있겠지만 우리가 사용하는 어떠한 독서법도 검증된 적이 없는 것은 사실이다. 우리는 글자를 읽을 줄 알게 되면, 그것이 책을 읽을 수 있다는 것을 의미한다고 판단하는 경향이 있다.

글자를 배운 사람은 즉 읽고 쓸 줄 아는 사람은 곧 책을 읽을 수 있는 사람이라는 것이다. 하지만 글자와 책은 동일한 것이 아니다. 물과 바다가 동일하다고 하는 사람이 있다면 바로 이와 같은 경우일 것이다.

작은 호수나 강을 본 사람이 바다를 보기 전에는 물을 쉽게 생각한다. 하지만 바다를 직접 본 사람은 그 후로 물을 쉽게 생각할 수 없게 된다. 이런 의미의 고사성어가 '관해난수觀海難水'다.

바다를 본 사람은 물을 말하기 어려워한다는 말을 이해할 수 있는가? 독서도 마찬가지다. 필자는 처음으로 도서관에서 책만 보는 생활을 시작하고 나서야, 그것도 8개월 동안 책만 보고 나서야, 독서가 어려운 것이라는 것을 처음 알았다. 그때의 당혹함은 이루 말할 수 없었다.

이렇게 당황하게 된 한 가지 이유는 독서법에 대한 검증이나 평가를 살면서 한 번도 하지 않았기 때문이다. 지금 책을 읽고 있는 나의 이 방법이 정말 옳은가? 효과적인가? 더 나은 독서법은 없는가? 속독법만 생각하고 있지는 않은가? 독서라고 하면 정독精讀이 무조건 정답이라고 단순하게 생각하지 않았는가? 전 세계 각국의 수많은 사람들이 개발한 독서법은 어떤 것이 있는가? 세계 최고의 독서법은 무엇인가? 등에 대해서 살펴봐야 한다.

자신의 독서 경험만을 토대로 독서법을 쉽게 이야기하는 사람도 독서의 드넓은 세계를 접하게 되면, 관해난수라는 말처럼 더 이상 독서법에 대해서 말할 수 없을 정도로 자신의 독서법이 우물 안 개구리와 같았음을 깨닫게 될지도 모른다.

눈과 독서는 최악의 궁합

눈은 글자나 책을 보기 위해서가 아니라, 세상을 보기 위해 만들어졌다. 인간의 눈이 만들어지고 나서 책이 만들어졌다. 문제는 바로 여기에 있다.

독서를 하려면 책이라는 도구를 사용해야 한다. 그렇다면 책의 특징은 무엇일까? 세상과 다르게 2차 평면에 색이 다른 글자들이 나열되어 있다.

3차 입체인 물건이 줄을 맞추어 가로로 나열되어 있다면 우리 눈은 크게 힘을 들이지 않고도 연속적으로 주시할 수 있다.

하지만 2차 평면 위의 글자나 선은 주시점을 벗어나지 않고 계속해서 주시할 수 없다. 그래서 독서할 때 안구는 순간적인 단속적 운동을 해야 한다. 그것이 바로 도약 안구 운동saccade이다.

안구는 1초에 3~5회의 도약 운동을 한다. 그리고 운동과 운동 사이에 주시하는 시간으로 200밀리초(0.2초) 정도를 소모한다. 안구 단속적 운동 개시 전후 수십 밀리초 동안 무엇도 볼 수 없다. 시선 이동 즉 주시점을 추적하는 동안에는 볼 수 없고 시간을 낭비하게 된다.

세 시간 동안 독서를 하면 한 시간 정도는 우리 눈이 다음 글자나 다음 줄의 첫 글자를 찾을 수 있도록 시간을 줘야 한다. 이것이 눈과 독서가 궁합이 맞지 않는 이유다.

신이 인간을 만들고
인간은 책을 만들다

사실은 인간의 눈과 책뿐만 아니라 뇌와 책도 궁합이 맞지 않는다. 우리 뇌에 말하고 듣는 유전자와 채널과 회로는 존재하지만 텍스트를 읽고 이해하는 유전자와 채널과 회로는 없다.

그럼에도 우리가 독서를 할 수 있는 한 가지 이유는 '뇌 가소성'이라는 뇌의 신비 때문이다. 인공지능인 알파고가 스스로 진화하고 성장하는 것처럼 우리의 뇌도 스스로 지속적인 변화와 성장을 한다. 뇌는 평생 변화하며 이것이 뇌 가소성이다. 이러한 뇌 가소성 덕분에 독서는 인간을 바꾸고 인생을 바꿀 수 있다.

신이 인간을 만들었고 그 인간은 책을 만들었다. 책은 인류의 위대한 발명품이다. 책이 존재하지 않았다면 인류 문명도 이렇게까지 발전하지 못했을 것이다.

인간의 눈은 책이 존재하기 전에 세상을 보는 것에 최적화되도록 만들어졌다. 그후 인간은 책이라는 것을 발명했다. 문제는 여기에 있다. 우리의 눈과 뇌는 독서에 최적화되지 않았기 때문에 독서의 기술, 효과적인 독서법이 필요한 것이다.

왜 책만 펼치면 잠이 올까? 눈이 지나치게 혹사당해서 기절하는 것이다. 책을 읽으면 눈이 급격하게 피로해지고 지치기 때문이다. 독서를 처음 시작할 때나 독서에 취미를 붙이고 독서광이 될 때, 눈이 급격하게 나빠지는 경우가 많은 이유도 바로 여기에 있다.

책의 노예가 될 것인가, 주인이 될 것인가?

책을 많이 읽었다고 해서 책의 주인이라고 말할 수 없다. 평생 독서를 해도 노예의 삶에서 벗어나지 못하는 독서가도 있다. 반면에 독서를 본격적으로 시작한 지 얼마 되지 않아서 책의 주인으로 도약하는 독서가도 있다.

책의 노예에서 벗어나 내적으로 성장하여 자신의 삶을 이전과 다르게 바꾸기 위해서는 진짜 독서가로 거듭나야 한다. 책의 노예는 책을 아무리 잘 읽고, 모든 내용을 송두리째 암기할 수 있는 사람이라고 해도 책의 내용을 그대로 따라하는 앵무새 수준의 독서가에 불과하다. 반면에 책의 주인은 책의 내용을 마음껏 뛰어넘어 자신의 생각과 의식대로 응용하고 활용하고 변형하고 개선하고 보충하고 반론할 수 있다.

책의 내용만 아는 것과 책의 내용을 토대로 자신만의 견해와 의식을 확장하는 것은 하늘과 땅 차이다. 전자의 대표적인 인물로 책을 잘 읽고, 그 내용을 모두 암기해서 이론에 정통한 조나라의 조괄 장군이 있다.

어릴 적부터 책을 많이 읽어 이론에 정통했던 조괄은 병법서의 내용을 꿰뚫고 있어 병법에 대해 토론을 해도 논리가 너무나 정확해 아버지인 명장 조사조차 당해내지 못했다고 한다.

그러나 조괄은 한 번도 제대로 된 승리를 거두지 못했다. 그는 책의 내용대로만 하다가 식량 운송로가 끊기고 진용도 둘로 나뉘게 되었다. 뿐만 아니라 굶어 죽는 병사들이 나오게 되었고 직접 싸우러 나갔다가 적의 화살을 맞고 전사하기에 이른다. 남겨진 그의 40만 대군 또한 적의 계책에 속아서 구덩이에 생매장된다. 병법에 능통했던 조괄은 중국 역사상 최악의 패전을 한 장수로 기록되었다.

이와 반대의 경우가 이순신 장군이다. 조괄과 이순신 모두 병법에 능통했지만 확연하게 다른 점이 있다. 병법서에 나오는 내용들을 그대로 답습하거나 따라한 조괄과 달리, 이순신은 병법서의 내용들을 반드시 저울질하고 판단해서 자신의 상황에 맞게 변형하고 응용하고 확장시켜나갔다.

'학익진鶴翼陣'은 육지에서 활용되는 전술이었지만, 이순신은 해전에 그것을 응용, 변형해서 접목시켰다. 이것이 바로 책을 제대로 활용하는 책의 주인의 모습이다.

3장

독서를 할 줄 안다는 착각에서 벗어나라

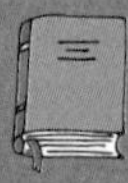

"책을 읽고 성현의 뜻을 깨닫지 못한다면

인쇄공과 다름이 없다."

_ 홍자성

책을 읽을 줄 안다는 착각

"책을 많이 읽을수록 독서력은 기하급수적으로 향상된다. 독서광이라 불리는 사람들은 한눈으로 여러 대목을 살피며 읽어낸다. 그리고 요점만 골라낸다. 그러므로 자기에게 필요한 대목을 스스로 활용할 수 있다."

19세기의 가장 독창적인 작가로 여겨지는 추리소설의 창시자 에드거 앨런 포의 이 말은 틀린 말이 아니다. 하지만 한국인들은 평생 책을 읽어도 독서력이 기하급수적으로 향상될 정도로 많은 양의 독서를 할 수 없다.

앞서 말했든 한국인들이 흔히 하는 가장 큰 착각 중에 하나가 책을 읽을 줄 안다는 착각이다. 책을 읽을 줄 모르면서 독서를 하고 있다. 그런데 이것이 왜 큰 문제일까? 평생 독서를 제대로 하지 못한 채 자신은 독서를 잘 할 수 있는 사람이라고 착각하면서 살기 때문이다. 이렇게 사는 것이 큰 해악을 끼치는 사항은 적지 않고, 그 중에 하나는 독서 격차라고 할 수 있다. 독서를 제대로 해낼 수 있는 사람과 그렇지 못한 사람의 격차는 인생의 성공과 실패를 결정하고도 남을 만큼 엄청나다.

대부분의 사람들이 책을 읽을 줄 안다는 착각 때문에 독서법을 배우려고도 하지 않는다. 때문에 많은 이들이 독서를 제대로 하지 못한 채로 살아가면서도 독서를 좋아할 뿐만 아니라 제대로 하고 있다고 착각한다.

우리는 평생을 살면서 한 번도 내가 독서를 못 하는 것은 아닌지 생각해보지 않고 그저 많은 양의 책을 읽지 못했다는 사실만을 강조한다. 초점은 그것이 아닌데도 말이다.

이러한 대부분의 사람들이 꼭 기억하고 자각해야 하는 한 가지 사실은 '당신은 독서를 잘 하는 독서 천재가 아니라는 점이 아니라 독서를 아예 못 하는 독서 초보 수준에 평생 머물러 있다'는 것이다.

독서의 5단계 메커니즘

'독서를 어떻게 해야 하는가?'라는 질문은 중요하지 않다. 정말 중요한 것은 우리가 독서를 잘 할 수 있는 사람으로 성장하는 것이다. 독서는 온 몸으로 체득하고 익혀야 하는 무술과 같은 것이지 이론만 안다고 해서 가능한 것이 아니다. 그렇기 때문에 독서를 어떻게 해야 하는가보다 앞서야 하는 것은 '인간은 어떻게 인식하고 배우고 성장하는가?'이다.

독서법 전문가들은 최소한 우리 눈과 뇌에 대해서 기본적인 지식과 의식을 가지고 있어야 한다. 《손자병법》에 나오는 원리인 '지피지기知彼知己'의 이치를 무시해서는 안 되기 때문이다.

독서의 5단계 메커니즘을 알고 있는 사람들이 많지 않다. 필자가 만든 것이기 때문이다. 놀랍게도 인간이 태어날 때 뇌에는 독서를 위한 뇌 회로와 유전자가 존재하지 않는다. 하지만 독서를 하기 시작하면 서서히 독서 뇌 회로가 만들어지고, 독서를 많이 할수록 다양한 독서 뇌 회로가 만들어진다.

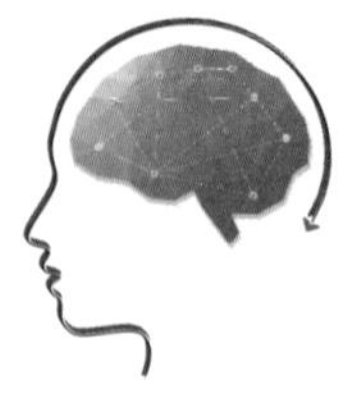

눈으로 본다 → 입으로 말한다 → 귀로 듣는다 → 뇌로 이해한다

후두엽의 시각 인식 영역 → 두정엽의 각회 영역

→ 측두엽의 베르니케 영역 → 전두엽의 브로카 영역 → 전두전야

독서를 하게 되면 이것보다 훨씬 더 복잡한 활동이 뇌의 각 영역, 전 지역에서 일어난다. 독서 초보일수록 더 많은 에너지가 필요하고, 더 다양한 영역이 활성화된다. 하지만 독서 천재가 되면 우리의 뇌는 훨씬 더 효율적으로 작동한다.

우리는 두 가지 요소를 통해 글자를 배운다. 의미적 요소와 음성적 요소다. 그런데 음성적 요소는 독서를 할 때 백해무익하다. 독서를 잘 하는 사람들은 독서를 할 때 의미적 요소만을 이용하지만, 대부분의 사람들은 불필요한 음성적 요소까지 이용하기 때문에 독서 속도가 제자리걸음이다.

물론 초등학생들처럼 글자 읽기를 처음 배울 때는 음성적 요소가 반드시 필요하지만, 어느 정도 글자를 익힌 다음부터는 특히 묵독默讀을 할 때는 음성적 요소가 꼭 필요한 것은 아니다.글자를 읽을 때와 경치를 볼 때 우리 뇌의 시각 연합 영역에서는 엄청난 활동의 차이가 발생한다. 글자를 읽을 때 후두엽의 시각 연합 영역에서는 분주한 활동이 일어나고 다양한 프로세스의 네트워크가 작동하기 시작한다.

경치와 글자는 똑같은 시각 정보임에도 우리 뇌의 프로세스와 뇌회로는 전혀 다른 양상으로 움직인다는 것을 알게 되면 독서라는 것이 얼마나 어마어마한 것인지 조금은 이해할 수 있게 된다.

뿐만 아니라 한국어, 영어, 중국어 등 우리가 사용하는 언어에 따라서도 말을 하거나 독서를 할 때 활성화되는 뇌의 영역이 조금씩 달라진다.

독서를 할 때 가장 중요한 부위는 후두엽의 시각 영역과 시각 연합 영역, 그 다음으로는 후두엽과 측두엽, 두정엽이 만나는 경계 부근인 각회angular gyrus다.

글자를 읽을 때 우리 뇌는 각회 영역을 중심으로 활발한 네트워킹이 일어나고, 그러한 네트워킹의 모든 결과가 전두엽의 전두전야로 이어질 때 비로소 글자를 읽고, 이해했다고 할 수 있게 되는 것이다.

같은 뇌라도 문자 체계에 따라 읽기 경로와 사용 영역이 다르다. 초보 독서가와 숙련된 독서가의 뇌의 영역과 경로 또한 다르다는 것도 놀라운 독서의 능력이며, 인간 뇌의 경이로운 측면이다.

독서는 가장 하기 힘든 것

독서는 악기 연주나 무술, 혹은 그 어떤 스포츠보다 어렵고 힘들고 많은 시간이 소요되는 기술 중에 기술이며 무술 중에 무술이다. 독서는 가장 고차원적인 인지 행위이며 사고 행위이다. 그런 점에서 독서는 인간이 가장 많은 시간과 노력을 투입해야 하는 최고의 배움이며 익힘이다. 그런데 많은 이들이 독서를 너무 만만하게 쉽게 단순하게 생각한다.

책을 아무리 많이 읽어도 책 한 권을 온전히 이해하지 못한다는 사실을 제대로 인식하고 있는 사람은 많지 않다. 한 권의 책을 처음부터 끝까지 온전히 읽어낼 독서력이 부재하기 때문이다. 그렇다면 독서가 세상에서 가장 하기 힘든 것이라는 사실을 언제 가장 정확하게 알 수 있을까?

평소에는 절대 알 수 없다. 수박 겉핥기 식으로 책을 읽는 평소에는 그렇게 많이 읽을 수도 없고 읽지도 않기 때문이다. 하지만 직장과 친구를 포기한 채 세상과 담을 쌓고 하루 종일 도서관에 처박혀 책만 읽다 보면 안다. 하지만 이것도 쉽게 금방 알게 되는 것은 아니다.

앞서 말했듯 필자는 8개월이라는 시간이 걸렸다. 독서를 능숙하게 잘해내는 데 걸린 시간이 8개월이 아니다. 필자가 독서를 너무 못 하는 사람이라는 한 가지 사실을 깨닫는 데 8개월이 걸렸다는 이야기다.

독서 훈련을 제대로 받지 않은 사람에게 독서는 가장 하기 힘든 것이다. 반면 독서 훈련을 제대로 받은 사람에게 독서는 오히려 가장 쉽고 재미있고 즐거운 것이 된다. 물론 필자의 이런 생각이 모든 이들에게 적용되는 것은 아니다.

상위 10퍼센트의 사람들, 천재와 같은 사람들, 정말 똑똑한 사람들에게는 적용되지 않는 말이다. 상위 10퍼센트의 사람들 중에서는 독서를 정말 잘하는 사람들이 존재한다. 하지만 나머지 90퍼센트의 평범한 사람들은 훈련을 받아야 하고 연습을 제대로 해야만 독서를 잘할 수 있게 된다.

모든 것이 필요한 독서

독서를 잘하기 위해서는 무엇이 필요할까? 머리만 좋으면 독서도 잘하는 것일까? 체력만 좋으면 독서를 잘할 수 있을까? 눈치나 센스만 좋아도 그럴까? 학교 공부를 잘한다고 독서도 잘 할 수 있을까? 지혜나 통찰력이 있다고 독서도 당연히 잘할 수 있다고 할 수 있을까?

독서를 잘하기 위해서는 정말 모든 것이 필요하다. 머리가 좋을수록, 체력이 좋을수록, 몰입력이나 집중력이 좋을수록, 기분이 좋을수록, 환경이 좋을수록, 돈이 많을수록 좋다. 독서는 다다익선이다. 좋은 조건이 많을수록 더 잘 할 수 있다. 그중에서도 가장 중요한 것이라고 우리 선조들이 이구동성으로 강조한 것이다.

그것은 바로 독서를 해야 하는 좋은 의도와 동기뿐만 아니라 독서를 할 때 몸의 자세와 마음의 태도다. "공부(독서)를 그저 출세의 수단으로만 여겨서는 공부(독서)도 잃고 나도 잃는다." 정약용 선생의 말처럼 독서를 할 때 중요한 점은 독서를 출세의 수단이 아닌 목적으로 여기는 마음이다.

> "독서를 하면서 써먹을 것을 구하는 것은 모두 사심에서 비롯
> 인용 전체 들여쓰기 것인데, 해 마칠 때까지 독서를 해도 학문에

진보가 없는 것은 사의私意가 그것을 해치기 때문이다."

– 박지원, 《연암집 하》, 돌베개

"글을 읽을 때에는 소리 높이 읽어서는 안 된다. 소리가 높으면 기운이 떨어지기 때문이다. 눈을 건성으로 돌려서는 안 된다. 눈을 돌리면 마음이 달아나기 때문이다. 몸을 흔들어서도 안 된다. 정신이 흩어지기 때문이다."

– 안대회, 《선비답게 산다는 것》, 푸른역사

독서를 할 때는 박지원 선생의 말처럼 올바른 이유도 필요하고 홍대용 선생의 말처럼 올바른 마음가짐과 몸가짐도 필요하다. 때문에 책을 읽을 때는 반드시 옷깃을 여미고 단정히 꿇어앉아서 몸가짐을 바로 했다. 뿐만 아니라 온 마음도 다해, 집중해서 독서를 했다.

한국인이 독서를 못하는 결정적인 이유

한국인은 다른 나라 국민들에 비해 상대적으로 독서를 못한다. 절대적으로도 못한다. 그 이유는 무엇일까? 그 이유는 놀랍게도 '한글' 때문이다. 위대한 글자, 세계 최고의 글자, 한글 말이다.

왜 그럴까? 중국어를 배우는 사람과 한글을 배우는 사람을 비교해보면 쉽게 이해할 수 있다. 중국어는 표의문자이고 배우는 데 엄청난 양의 인지 자극 훈련이 필요하다. 중국어를 온전하게 구사할 수 있는 사람은 충분한 훈련이 되어 있기 때문에 문해력이 높을 수밖에 없다. 독서를 좀 더 잘할 수 있는 셈이다.

하지만 한글을 모국어로 배운 사람은 훈련의 두께가 매우 얇다. 한글이 매우 과학적인 글자이고, 배우기 매우 쉬운 글자이기 때문이다. 한글을 읽고 쓰기 위해 필요한 인지 자극 훈련은 그 양과 질이 그렇게 많거나 높지 않다.

이것이 무슨 문제냐고 반론을 제기하는 독자들이 있을 수도 있다. 한글은 너무 쉽기 때문에 한국인들은 읽고 쓰는 훈련, 읽고 이해하는 훈련, 읽고 익히는 훈련이 거의 되어 있지 않은 상태로 글자를 읽고 쓸 수 있는 귀한 자격(?)을 쉽게 빨리 얻어버린다.

이것이 문제라는 것이다. 절대 오해해서는 안 되는 것이 있다. 부모가 부자인 것은 축복이고 좋은 것이다. 하지만 부모가 너무 돈이 많아서 그 돈 때문에 자녀들이 인생을 망치고 자신도 몰락하게 되는 경우가 적지 않다. 여기서 잘못은 부모의 돈이 아니다. 자녀가 그 돈을 제대로 감당하지 못했기 때문이다.

이것처럼 한글이 문제는 아니다. 한글은 우리에게 세계 최고의 자랑스러운 글자이고 너무나 고마운 글자이고 우리의 자부심이다. 하지만 이 글자를 익히고 나서 독서를 잘하기 위한 별도의 훈련을 또

해야 한다는 사실을 깨닫고 있는 사람은 많지 않다.

10~20대까지의 한국인들은 공부를 지나치게 많이 할 수밖에 없는 환경에 있다. 그래서 문해력이 낮지 않다. 하지만 공부를 많이 한 것에 비해 독해력이 높다고 할 수는 없다. 이런 현실은 40대 중반이 되면 확연히 나타난다.

거의 꼴찌 수준이 된다. 10~20대까지는 워낙 많은 양의 공부를 하기 때문에 낮은 독서력이 지식과 정보, 공부한 양에 의해 드러나지 않지만, 공부와 담을 쌓고 살아가는 40대가 되면 서서히 독서력의 민낯이 드러나게 되는 것이다.

한국인으로 살아가는 긴 인생 동안 정말 독서가 필요한 시기가 있다면 40~50대가 아닐까 생각한다. 그런데 바로 그 중요한 시기부터 독서력의 밑바닥이 드러나게 되는 것이다. 이것은 정말 큰 아이러니라고 할 수 있다.

4장

제대로 배워야 독서를 잘할 수 있다

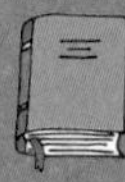

"사고하는 데 필요한 기술, 책을 쓰는 데 필요한 기술 뿐 아니라,

독서하는 데도 필요한 기술이 있다."

_ 벤저민 디즈레일리

독서는 글자 읽기가 아니다

독서는 글자 읽기, 즉 텍스트text 읽기가 아니다. 엄밀하게 말해서 독서는 디코딩decoding이 아니라 씽킹thinking이다. 자신을 성장시키는 독서는 글자 읽기가 아니라 생각 키우기이다.

백수 양응수 선생의 '허심평기虛心平氣' 독서법을 들어본 적이 있는가? '허심평기'란 마음을 비우고 기운을 평온하게 한 상태를 말한다. 이는 양응수 선생뿐만 아니라 퇴계 이황, 율곡 이이, 우계 성혼 등을 비롯해서 여러 학자들이 지침으로 삼았던 독서법이기도 하다. 우리 선조들의 독서 수준이 얼마나 높고 넓었는지를 후손들이 제대로 알지 못하고 있다는 것은 안타까운 일이다.

《백수 선생 문집》을 보면 독서하는 방법에 대해서 설명해놓은 대목들이 나온다.

"독서는 먼저 마음을 비우고 기운을 평온케 하며, 익숙하게 읽고 정밀하게 생각해야 한다."

– 양응수, 《백수 선생 문집》 〈위학대요 하〉, 미상

"책을 볼 때는 다만 마음을 비우고 기운을 평온하게 하여 서서히 의리가 있는 곳을 살펴야 한다."

– 양응수, 《백수 선생 문집》 〈위학대요 하〉, 미상

왜 마음을 비우고 기운을 평온하게 하는 것이 독서에 있어서 중요하다는 것일까? 그것은 독서가 단순히 지식이나 정보를 습득하는 데 그치는 것이 아니라, 온 몸과 마음으로 사고를 확장시켜야 하기 때문이다.

분주한 일상을 보내고 있을 때 인간의 뇌파는 베타파 상태다. 이 상태에서는 집중할 수 없다. 그래서 집중력이 현저하게 떨어지고 일이나 공부를 하루 종일 열심히 해도 성과는 부진하다.

허심평기 독서법은 마음을 비우고 기운을 평온케 하여, 우리 뇌의 뇌파를 알파파 상태로 낮춘 상태에서 책을 읽는 것을 의미한다. 이렇게 되면 자연스럽게 집중력이 높아지고 사고력이 향상되는 것

이다. 독서를 통해 사고력 훈련을 하는 것은 독서의 중요한 이유 중에 하나다.

독서에도 왕도가 있다

세상에는 '왕도王道'라는 것이 있다. 이것을 잘 모르는 사람들은 아무리 열심히 뼈가 부서지도록 일을 해도 가난의 아픔에서 벗어나지 못한다. 하지만 부자가 되는 왕도를 조금이라도 눈치 챈 사람은 몇 년 안에 부자가 되고 가난에서 완벽하게 벗어난다.

공부도 마찬가지다. 하루에 네 시간도 못 자고 열 시간 이상 공부하지만 절대로 1등을 하지 못하는 학생이 적지 않다. 하지만 왕도를 알게 된 학생은 잠을 충분히 자고도 늘 1등을 한다.

독서도 마찬가지다. 왕도를 배우고 익히고 깨닫게 된 사람은 더 이상 독서가 스트레스가 아니며, 힘들고 어려운 일이 아니다. 그들에게는 즐거움일 뿐이다.

독서에는 분명한 왕도가 존재한다. 그 왕도를 모르는 사람은 얼마나 느리게 책을 읽고 있는가? 얼마나 적은 양의 독서에 만족하고 있는가? 자신의 독서력에 대해서 얼마나 안일하게 생각하고 있는가?

많은 이들이 책을 읽어야 한다는 것은 알지만, 서재에 사놓은 책은 많지만, 독서력이 부족해서 그 책을 다 읽지 못하는 것이 현실이다. 그리고 이런 현상이 너무나 자주 발생하는 이유는 한 가지, 독서력이 형편없기 때문이다.

독서에도 왕도가 있고, 독서를 잘하기 위해서는 반드시 효과적인 훈련과 연습이 필요하다. 스키를 즐기기 위해서도, 하다못해 수영을 잘하기 위해서도 반드시 훈련이 필요한 법이다. 그런데 인생을 바꿀 수 있을 만큼 중요한 독서는 왜 거저 먹으려고 하는가?

독서가 스키나 수영보다 피아노나 바이올린 연주보다 백 배 정도는 더 하기 힘들고 어려운 것임을 왜 알지 못하는가? 독서의 왕도를 알고 싶다면 필자가 집필해놓은 독서법 책을 꼭 읽어보기 바란다. 여기서 주의해야 할 점이 있다. 독서법 하나가 만병통치약이 될 수는 없다.

자신의 독서법이 완벽하다고 생각하는 사람은 경계하기 바란다. 세상에 존재하는 그 어떤 독서법도 완벽할 수 없다. 인간이 완벽할 수 없는 것처럼 말이다. 그렇다면 무엇이 필요한가? 어떻게 해야 하는가? 보완할 수 있는 여러 가지의 독서법을 배우고 익혀서 상황이나 책에 따라 순서나 방법, 목적이나 필요에 따라 선택해서 사용하는 것이 좋다.

독서는 머리가 아닌 몸으로 하는 것

필자는 2017년 3월에 '인생작'을 한 권 출간했다. 그 전에 이미 60여 권의 책을 출간했지만 필자의 인생에 잊을 수 없는 인생작은 작가라는 삶을 시작한 지 7년 만에 나왔다. 그것도 60여 권의 책이 출간되고 나서 말이다.

그 책이 바로《1시간에 1권 퀀텀 독서법》이다. 책이 출간되고 거짓말을 조금 보태서 불티나게 팔려나갔다. 그런데 이 책 때문에 가장 많은 피해를 본 사람이 다름 아닌 필자였다면 믿을 수 있겠는가?

이해가 잘 되지 않을 것이다. 하지만 사실이다. 많은 독자들이 뭔가 될 것 같고, 기존의 독서법과 다른 것 같고, 실제로 수천 명이 이미 배우고 익혀서 효과를 봤다는 사실을 접하고 이 책을 구매한다. 그러고 나서 이 책을 읽고 이 책에 나오는 기술과 훈련을 따라 해본다.

처음에는 호기심으로 새로운 독서 기술과 훈련을 재미있어 한다. 하지만 며칠 정도 훈련을 해보다 이내 싫증을 느끼고 멈추게 된다. 그러다 몇 달이 지나서 누군가가 퀀텀 독서법 책에 대해서 이야기를 꺼내면 자신 있게 이렇게 이야기한다.

"야, 그 책 읽지 마. 내가 실제로 해봤는데 안 돼! 효과 없어!"

많은 독자들이 책만 읽고 독학을 한다. 그런데 이러한 독서법은 독학을 해서 성공하는 비율이 매우 낮다. 독학을 할 수 있을 정도로 독서 기초 체력과 독서력이 있어야 하는데, 한국인들은 유독 독서를 못하기 때문에 독학에 성공할 수 있는 독서 경험이나 독서 수준이 부족하다. 추측이지만 필자는 이것이 맞다고 생각한다. 그 이유는 두 가지다.

첫 번째는 독학과 수업의 격차가 존재한다는 것을 오랫동안 그리고 지금도 체험하고 있기 때문이다. 독학을 하다가 성과를 보지 못해서 필자가 운영하는 퀀텀 독서법 수업에 참여한 많은 이들이 수업을 통해서 3주 만에 세 배 이상의 독서력 향상 성과를 얻었다.

두 번째는 독서의 특성상 이론적으로 기술과 훈련, 독서법을 알게 되었다고 해서 즉시 잘할 수 있는 것이 아니기 때문이다. 독서는 온몸과 마음과 정신으로 해야 하는 것이다. 이론적으로 잘안다고 해서 갑자기 무술을 잘하는 고수가 되지 않는 것과 마찬가지다.

독서하는 방법을 이론적으로 배워서 알게 되면 독서를 잘할 수 있게 된다는 많은 이들의 생각은 가장 큰 착각이며 오해다. 독서는 수영이나 스키, 피아노 연주나 바이올린 연주처럼 이론적으로 배우는 것이 아니라, 실제로 온 몸과 마음과 의식으로 익혀야 하는 것이다. 그래서 훈련 기간이 반드시 필요한 것이다.

독서 습관은 중요하지 않다

빌 게이츠는 하버드대학교 졸업장보다 독서 습관이 더 중요하다고 말했다. 하지만 한국인들에게는 독서 습관보다 하버드대학교 졸업장이 더 중요하다. 사회적으로만 그런 것이 아니라 실제로도 그렇다. 독서 습관은 우리에게 중요하지 않다. 우리 사회는 하버드대학교 졸업장만 있으면 뭐든지 할 수 있는 철저한 학벌중시사회이기 때문이다.

문제는 여기서 끝나지 않는다. 독서 습관보다 학벌이 더 중요하고, 진짜 실력보다 학벌 같은 타이틀이 더 중요하기 때문에 많은 이들이 도서관에 가기보다는 대학원에 가서 학벌을 따려고 한다.

필자는 많은 이들과 반대로 아무도 찾지 않는 도서관에 갔다. 백수가 1만 권 독서를 한다고 해서 자격증이나 졸업장이 나오는 것도 아니다. 백수가 1만 권 독서를 한다고 해서 월급이 나오는 것도 아니고, 티가 나는 것도 아니다.

독서 습관은 중요하지 않다. 독서 습관보다 더 중요한 것이 좋은 대학의 졸업장이기 때문이 아니다. 더 중요한 것은 독서를 아무리 해도 인생을 바꿀 정도로 많은 양의 독서를 할 수 없다는 사실, 즉 독서력이 빈약하다는 사실이다.

이 사실을 제대로 인식해야만 독서력 향상을 위해 시간과 노력을 투자할 수 있다. 지금까지 우리는 영어 실력과 같은 스펙을 쌓기 위해서 시간과 노력을 투자했다. 하지만 독서력 향상을 위해서는 시간과 노력을 투자하지 않았다.

독서 습관보다 중요한 것은 독서를 제대로 할 수 있는 독서력이다. 독서력을 키워야 독서를 제대로 할 수 있고, 인생이 바뀔 정도로 많은 양의 독서를 단기간에 할 수 있다. 인생이 바뀌지 않는, 변화와 성장이 없는 빈약한 독서를 평생 한다면 얼마나 안타까운 일인가? 물론 재미와 취미로만 독서를 하겠다고 고집하는 사람들을 굳이 막을 필요는 없다. 그러니 재미와 취미로, 소일거리로, 심심풀이로 독서를 하겠다는 사람은 여기서 제외다.

5장

독서, 제대로 하려면 의식혁명이 먼저다

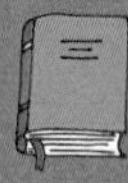

"대부분의 사람들은 읽는 방법을 배우는 데
오랜 시간이 걸린다는 사실을 모른다.
나는 80년이 걸렸고,
지금도 완전하다고 말할 수 없다."

_ 요한 볼프강 폰 괴테

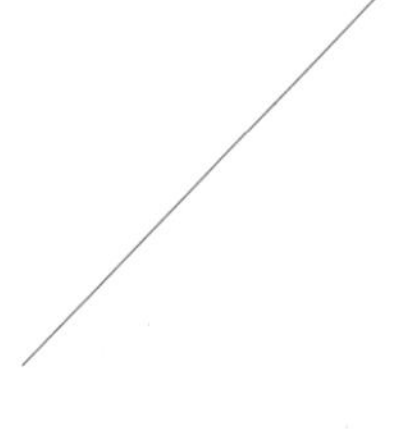

정독의 함정

정독精讀이 모든 독서의 최고의 지침일까? 정독이 가장 완벽하고 가장 좋은 독서법일까? 책을 천천히 정독하는 것이 가장 효율적이고 올바른 독서법일까?

당신은 정독을 어떻게 생각하는가? 정독을 해야만 책을 제대로 읽었다는 기분을 느끼는가? 정독을 하지 않고 빨리 읽거나 느리게 읽는 것은 무조건 나쁜 독서법이라고 생각하는가?

정독의 함정에서 벗어나야 한다. 정독은 뜻을 새기며 자세히 읽는 것을 말한다. 하지만 많은 이들이 너무나도 지나치게 느리게 읽는다. 책을 느리게 읽는 것은 속도만의 문제가 아니다.

책을 느리게 읽는 것에 대해 통합적으로 살펴본 적이 있는가? 책을 너무 느리게 읽게 되면 평생 읽을 수 있는 책, 접할 수 있는 책의 양이 너무나 적어진다. 이럴 경우 가장 위험한 것은 우물 안 개구리의 수준으로 전락할 수 있게 된다는 것이다.

독서는 속도와 이해, 유지, 이 세 가지가 모두 중요하다. 하지만 독서력의 차원에서, 독서의 효과와 가치 측면에서, 독서의 기술 측면에서 가장 중요시해야 하는 것은 속도이고, 그 다음이 이해여야 한다.

그런데 많은 이들이 정독의 함정에 빠져서, 속도를 포기하고, 이해만 중요시한다. 그렇게 되면 많은 양의 독서를 할 수 없다.

세계 여행을 할 때는 비행기나 기차를 이용해야만 한다. 하지만 어떤 이들이 걷는 것만을 고집하면 어떻게 될까? 독서도 그렇다. 빠른 속도로 이동할 수 있는 비행기, 먼 거리를 빨리 갈 수 있게 해주는 기차도 이용할 줄 알아야 한다.

왜 기차나 비행기를 이용하는 것이 더 좋은 여행 방법일까? 전 세계 구석구석을 여행하더라도 덜 좋은 곳, 불필요한 곳, 안 가도 될 만한 곳, 덜 멋진 곳이 훨씬 더 많기 때문이다.

독서의 결과로 책의 내용을 하나도 빠짐없이 머릿속에 주입하는 것이 중요할까? 아니면 새로운 생각과 만나는 것이 중요할까? 책의 내용을 그대로 주입하는 것보다 새롭고 획기적인 사고와 작은 깨달음이 머릿속에 남는 것이 훨씬 더 중요하지 않을까?

생각해보자. 한 권의 책을 정독하여 그 책의 내용을 모조리 암기하고 기억할 수 있게 되었다 해도 그것은 며칠 가지 못한다. 하지만 그 시간에 여러 권의 책을 만나서 섭렵하고 독파해내면서 1퍼센트의 새로운 생각과 발견, 새로운 깨달음과 만날 수 있게 된다면 그것들은 아주 오래 우리의 것이 된다.

정독의 함정 중에 하나는 독서가 재미없다는 것이다. 독서가 재미없으니 많은 양의 독서를 할 수 없게 되고 자연히 독서와 멀어지게 된다. 하지만 정독의 함정에서 벗어난 사람들은 독서를 즐길 수 있다. 한 권의 책을 처음부터 끝까지 건너뛰지 않고 읽어야만 한다는 정독의 법칙에서 벗어나 자유자재로 독서를 즐길 수 있다.

독서의 질과 격차는
사고방식의 문제다

독서의 질과 격을 떨어뜨리는 것은 독서력이 아니라 사고방식인지도 모른다. 한 번의 독서로 책의 내용을 100퍼센트 이해해야만 한다는 사고방식을 가지고 있는 이들이 적지 않다. 심지어 이들은 책을 모조리 암기해서 머릿속에 최대한 많은 것들을 남겨야만 직성이 풀린다.

이런 사람들에게 독서는 고통이며 고문이다. 한 번의 독서로 도서관을 자신의 머리에 넣으려고 하는 사고방식은 백해무익할 뿐만 아니라 독서에 질리게 한다.

당신이 누구든 한 권의 책을 한 번 읽었다고 해서 당신이나 세상이 크게 달라지지는 않는다. 하지만 양이 달라지면 이야기도 달라진다.

어떤 책을 100번 읽으면 크게 달라지는 것이 생기고, 100권이나 1000권의 책을 독파하면 스스로가 크게 달라진다.

우리가 독서에 대해 가지고 있는 잘못된 사고방식 중에 하나는 '한 권의 책을 제대로 깊게 읽어서 100퍼센트 온전하게 이해하는 것이 대충대충 많은 책을 수박 겉핥기 식으로 읽는 것보다 낫다'는 것이다.

여기서 문제는 한 권의 책을 제대로 깊게 이해하면서 읽는 사람이 너무나 적다는 점과 많은 책을 섭렵하고 독파하는 것이 절대로 대충대충 수박 겉핥기 식으로 읽는 것이 아닐뿐더러, 한 권의 책을 깊게 파는 것보다 더 효과적이고 재미있는 독서의 기술이라는 점이다.

한 권의 책마다 1퍼센트의 새로운 생각과 만날 수 있다면 100권이면 100개의 새로운 생각과 만날 수 있게 된다. 독서의 질과 격차를 만드는 것은 우리의 생각이다. 독서에 대해서 어떻게 생각하느냐에 따라서 독서의 질이 결정된다.

독서는 공부도 암기도 아니다

많은 이들이 독서를 못하는 이유, 독서를 안 하는 이유가 있다. 독서를 공부라고 생각하기 때문이다. 독서를 하라고 하면 많은 이들이 독서가 아닌 공부를 하는 것처럼 보인다. 실제로 그들은 독서가 아닌 공부를 한다.

독서는 인터넷 서핑처럼 해야 한다. 우리는 인터넷 서핑을 하면서 많은 것을 암기하거나 연구하지 않는다. 그런데 많은 이들이 독서를 하면서 암기하거나 연구하려고 한다.

중요한 날짜나 인명이자 지역이 나오면 '괄호 채우기' 식으로 그것을 암기하려고 한다. 그렇게 하다 보니 전체적인 맥락을 이해하지 못하고 파편적인 책 읽기만 하게 되는 것이다.

음악을 듣거나 여행을 한다고 생각해야 한다. 독서는 음악을 듣거나 낯선 지역을 여행하는 것과 같다. 되도록 많은 음악을 듣고 많은 곳을 여행하는 것이 좋다. 독서도 그렇다. 새로운 많은 생각과 만나야 하고 낯선 사고들과 만나야 한다. 그것이 독서다. 그래서 진지함을 주장하고 공부하고 암기하고 이해해야 하는 공부와 독서는 다른 것이다.

독서를 공부처럼 하기 때문에 독서를 못하는 것이다. 공부란 무엇인가? "이것이 의미하는 것을 요약하라", "이 내용이 무엇을 말하고자 하는지 설명하라", "언제 누가 이런 일을 했는가" 등 너무 딱딱하고 어렵고 주입식이다. 공부에서 가장 중요한 것은 원리를 파악하는 것이 아니라 지식을 주입하고 이해하는 것임을 한국 교육은 강조해왔다.

독서는 주입하고 이해하는 것이 아니라 낯선 사고와 만나는 것이고 온 몸으로 부딪히는 것이고 그로 인해 자신의 편견과 고정관념이 깨지는 것이다. 그래서 사실 공부보다 훨씬 더 재미있고 다이내믹하다. 하루 종일 도서관에서 수많은 책을 접하며 엄청나게 재미있다는 것을 느낀다면 당신은 독서를 하고 있는 것이고, 하루 종일 책을 읽어도 재미가 없다면 당신은 기존의 공부를 하고 있을 뿐이다.

독서는 공부가 아니다. 제발 저장해야 하고 암기해야 하고, 100퍼센트 이해해야만 한다는 강박관념에서 벗어나기 바란다. 독서를 많이 한다고 해서 시험을 쳐야 하고 합격을 해야 하는 것은 아니다. 일정 수준 이상 성장해야 하는 것은 아니다.

독서를 즐기면 자연스럽게 성장하고 발전하게 되어 있다. 성장과 발전을 저해하는 요소, 가로막는 요소는 완벽주의이고 공부처럼 하는 독서이다.

독서는 읽기를 뛰어넘어 인생 혁명이다

"1만 권의 책이 있는 곳이 낙원이다."_ 허균

"전쟁 때도 책을 놓지 말라."_ 유성룡

"세상의 모든 책을 다 읽겠다."_ 이덕무

"나는 책벌레가 되련다."_ 장유

독서는 책 읽기가 아니다. 독서는 인생 혁명이다. 우리가 내면에서 성취하는 것이 우리의 삶을 바꾸고 미래를 바꾸고 현실을 바꾼다. 내면에서 성취하게 해주는 최고의 도구가 바로 독서다.

독서는 마법과 다름없다. 독서를 한다고 현실이 바로 바뀌지는 않지만, 독서는 분명 우리에게 유익하다. 눈에 보이지는 않지만 몇 개월 후에는 뭔가 달라져 있고, 몇 년 후에는 인생이 달라져 있다. 독서를 하지 않았다면 절대로 이루어질 수 없었던 인생이었음을 그때는 알게 된다.

독서는 인생 혁명이다. 인생을 놀랍게 급작스럽게 엄청나게 바꾸어놓을 수 있는 유일한 것이 바로 독서다. 사법 고시에 합격한다고 해도 의사 시험에 합격한다고 해도 하버드대학교 졸업장을 가진다고 해도 독서만큼 인생을 크게 바꿀 수는 없다. 인간이 만든 것들 중에서 가장 값지고 소중하며 경이로운 것이 바로 독서다.

고졸이라는 보잘것없는 학력을 가졌기에 8년 동안 빌딩 청소부 외에는 할 수 있었던 것이 없었던 《네 안에 잠든 거인을 깨워라》(씨앗을뿌리는사람들)의 저자 앤서니 라빈스를 세계 최고의 동기 부여가로 만들어준 것은 바로 독서의 즐거움이었다. 그는 얼마나 무료하고 힘들고 지친 삶을 살았을까? 하루 종일 고층 빌딩에서 청소를 한다고 생각해보라. 돈도 스펙도 인맥도 없고 취미 생활을 누릴 수 있을 만큼 여유롭지도 않았던 그에게 유일한 낙이 바로 독서였던 것이다.

그의 삶에 한 줄기 즐거움이 되어준 것은 독서였고, 그가 독서의 즐거움을 누리게 되자 그의 삶이 마법처럼 바뀌었던 것이다. 그가 성공하기 위해 독서를 했던 것이 아니라는 사실을 우리는 알아야 한다.

세상에서 자신을 넘어설 수 있게 해주는 가장 확실하고 쉬운 방법은 독서를 하는 것이다. 독서 외에는 그 어떤 것도 상대가 되지 않는다.

독서는 지식 습득이 아니라 사고 훈련이다

"인간의 성공은 독서량에 비례한다"는 말이 있다. 그 이유는 독서가 단순히 지식 습득이 아니라 사고 훈련이기 때문이다. 책을 많이 읽은 사람은 그만큼 위대하게 된다. 위대한 사람이 될 사람에게 필수는 많은 양의 독서다. 많은 양의 독서를 통해 사고 훈련이 많이 되어 사고의 폭이 넓어지고 장기적이 되기 때문이다.

성공하기 위한 가장 좋은 방법은 독서다. 독서는 거의 공짜에 가까운 비용으로 막대한 성공의 길과 성공 방법을 제공한다.

이 시대 최고의 비즈니스 철학자Business thinker로 불리는《꿀벌과 게릴라》(세종서적)의 저자인 경영전략가 게리 하멜 교수는 자신의 저서를 통해 책을 읽지 않게 되면 평생 지금의 수준에 머물 수밖에 없다는 무서운 사실을 지적해준 적이 있다. 그는 모든 비즈니스 혁명은 자기 혁신에서 출발한다고 말한다.

> "책을 읽지 않는 사람은 평생을 똑같은 수준으로 부지런히 꿀벌처럼 일할 수는 있지만, 게릴라처럼 갑자기 출세하거나 사업에 성공하지는 못한다. 평소에 꾸준히 책 읽기를 통해 놀라운 지식과 능력, 그리고 자신감을 얻은 자만이 혁명적인 두각을 나타낼 수 있다. 앞으로는 개선 정도로는 안 된다. 그 누구도 상상하지 못한 혁명적인 발상으로 새로운 일을 시작해야 한다는 것이다. 마치 게릴라처럼…."

우리가 책을 읽어야만 하는 이유는 평생 희망 없이 일만 하는 꿀벌로 살지 않기 위해서이다. 독서를 하면 사고가 달라진다. 사고의 수준과 차원이 달라진다. 독서를 한 만큼 달라지고 그만큼 우리는 인생을 다르게 살아갈 수 있게 된다.

최소한 희망 없이 일만 하는 꿀벌로 평생 살지 않을 수 있게 된다. 평생 일만 하는 꿀벌에서 탈출할 수 있게 해주는 것이 바로 독서인 것이다. 직장인과 CEO를 비교해보면 어느 쪽이 독서를 더 많이 할까? 바로 CEO다.

위대한 리더와 평사원 중에 어느 쪽이 더 독서를 많이 할까? 리더다. 워렌 버핏, 빌 게이츠, 오프라 윈프리, 손정의 등의 인물들이 MBA나 대학 교육 학벌이나 해외 유학을 통해 성공의 결정적인 능력과 지혜와 용기를 얻게 된 것이 아니라, 많은 양의 책을 통해 성공하는 데 필요한 지혜와 지식과 용기와 통찰력과 사고와 의식의 도약을 모두 얻어낸 것이다.

독서의 수준이
인생의 수준을 결정한다

삶의 기초를 다지는 것 중에 하나가 인생 경험이라면, 독서는 최상의 방법이다. 우리 삶의 기초를 다지기 위해서 무엇을 할 수 있을까? 엄청나게 많은 사람들을 만나고 사귀는 것? 전 세계를 여행하는 것? 많은 양의 책을 통해 간접 경험을 하고, 사고를 확장시키는 것?

시간적으로나 경제적으로 누구나 가능한 것이 유일하게 독서다. 독서는 유익한 점이 많다. 사람을 만나는 것은 매우 위험할 수 있다. 돈도 많이 든다. 그리고 누군가를 만난다는 것은 새로운 상처를 만드는 일이라고 할 수 있다. 물론 필요하다면 많은 이들을 만나야 한다. 하지만 삶의 기초를 다지기 위해서는 단연코 독서가 최고다.

독서는 매우 안전하고, 경제적이고, 효과적이다. 뿐만 아니라 재미있고, 유익하고, 상처를 받을 필요도 없다. 더 정확하게 말하면 살아간다는 것은 상처를 만드는 일이지만, 독서를 한다는 것은 그 상처를 꿰매는 일이다.

독서의 수준이 결국 그 사람의 수준을 결정한다. 독서를 한 만큼, 그 높이만큼 인생의 수준도 올라갈 수 있고, 그 넓이만큼 관계를 확장시켜나갈 수 있다. 당신의 수준은 당신이 지금까지 읽었던 책의 양에 의해 결정된다. 독서를 제대로 하지 않았다면 당신의 수준이 독서의 양보다 낮을 것이고, 독서를 제대로 했다면 그 양만큼 수준이 높을 것이다. 그럼에도 당신은 당신이 했던 독서량을 초월하지 못할 것이다.

볼테르는 사람들이 책을 너무 적게 읽을 뿐만 아니라 잘못된 독서를 하고 있다고 말했다. 그런데 이 말은 그가 살았던 19세기에 필요한 말이 아니라, 이 시대를 살아가는 현대인들에게 필요한 말이다. 특히 한국인들에게는 말이다. 일은 가장 많이 하지만, 정작 자신을 발전시키고 삶의 수준을 향상시킬 수 있는 독서는 가장 적게 한다.

독서는 의무가 아니라 특권이다. 우리에게는 우리의 삶을 드높일 수 있는 권리, 즉 독서를 할 권리가 있다. 이 권리는 인간답게 살 수 있도록 부추기고 도와주기 때문에 인류 문명에 있어서 이런 독서 행위를 마음껏 할 수 있게 해주는 유일한 공간인 도서관이 그렇게도 중요한 위치를 차지하고 있다는 것은 놀라운 일이 아니다.

독서 만 권
행 만 리로

"독서 만 권 행 만 리로." 청나라 학자 고염무가 한 말이다. 왜 그는 독서만을 이야기하지 않고 여행까지 이야기한 것일까? 그는 왜 여행만을 이야기하지 않고 독서까지 이야기했을까?

독서는 기본이며 중요할 뿐만 아니라 독서에서 멈추지 말고 더 나아가야 한다는 의미일 것이다. 만 권의 책을 읽고, 만 리 길을 여행하라는 이 말은 먼저 독서를 통해 사고를 확장시킨 후에 여행을 통해 그것을 심화시켜나가라는 의미일 것이다.

문제는 무엇일까? 독서 만 권을 실천하는 사람이 별로 없다는 것이다. 실천하고 싶어도 안 하는 것이 아니라 못 하는 것이다. 만 권의 책을 읽으면 어떻게 되는지 아는가?

지금 이 책을 읽고 있는 독자들 중에 만 권의 책을 독파한 사람은 몇 퍼센트나 될까? 0.1퍼센트 아니 0.0001퍼센트쯤 된다고 할 수 있다.

대한민국 국민 5000만 명 중에서 만 권의 책을 독파한 사람은 500명 정도라고 한다. 아무리 많은 이들이 참여하는 독서법 특강에 가도 만 권 이상의 책을 읽은 사람은 손을 들어보라고 하면 손을 든 사람이 한 명도 나오지 않았다.

일정 기간 동안에 만 권을 읽은 사람과 평생 동안 만 권을 읽은 사람은 차이가 있다. 변화와 성장의 측면에서 보면 어느 것이 더 유익할까? 짧은 기간 동안 만 권의 책을 독파하는 것이 훨씬 더 좋다. 임계점을 돌파하는 순간 문리文理가 트이고, 통찰력과 사고력이 놀랍게 확장된다. 마치 빅뱅이 일어나는 것처럼 뇌에서도 기적이 일어난다. 한 권의 책을 읽었다고 이런 일들이 일어나지는 않는다. 한 권의 책을 읽었다고 인생이 달라지지 않는다. '독서 만 권 행 만 리로', '독서파만권 하필여유신讀書破萬卷 下筆如有神'이라는 말처럼 많은 양의 독서를 해야 인생이 달라진다. 독서는 축적이 되어야만 효과가 나타나기 때문이다.

인간처럼 성장하고 성숙해지는 데 많은 시간과 에너지가 필요한 동물도 없을 것이다. 독서가 인간의 변화와 성장과 뗄 수 없는 관계인 것은 둘 다 오랜 시간과 에너지가 축적되어야만 그 진가를 발휘할 수 있기 때문이다.

쉬어가는 강의

당신은 어떤 독서를 하고 계십니까?
_ 독서에는 세 가지 종류가 있다

저는 대기업에 다니던 평범한 직장인이었습니다. 하지만 책이 좋아서 독서가 좋아서 잘 다니던 회사에 사표를 던지고, 3년 동안 다른 것은 전혀 하지 않고 매일 도서관에 출근하는 도서관 생활을 했습니다. 3년 동안 매일 출근해서 하루 종일 책만 읽었던 도서관 생활이 지금의 저를 만들었다고 해도 과언이 아닙니다.

저는 제 인생에서 가장 많은 책을 읽었던 그 시기, 3년의 도서관 생활을 '1000일 독서의 시기'라고 부르기를 좋아합니다. 1000일 독서 덕분에 '책쓰기 학교' 교장이 될 수 있었고 베스트셀러 작가가 될 수 있었습니다.

본격적으로 이야기를 시작하기 전에 의미심장한 이야기를 하나 해드리겠습니다. 미국의 예일대학교에서 한 심리학자가 직장인들에 대한 연구를 한 결과, 어떤 직장이든 또 어떤 종류의 일을 하든 세 가지 부류의 사람들이 언제나 존재한다는 사실을 발견했습니다. 그리고 그 세 가지 부류와 존재 방식이 일에 대한 성과나 만족감, 심지어 삶의 전반에 걸친 행복감과 삶의 질을 결정한다는 놀라운 사실도 발견했습니다.

첫 번째 부류의 직장인은 먹고살기 위해서 직장을 다니는 사람들이었습니다. 이런 사람들을 '생계를 위한 직장인'이라고 부릅니다. 먹고살기 위해서 부자가 되기 위해서 성공하기 위해서 직장을 다니는 부류였습니다. "월급을 받기 위해 일하는 사람은 평생 거인으로 성장할 수 없다"는 피터 드러커의 말이 생각나는 대목입니다. 사람을 성장시키는 것은 자신의 능력이 아니라 자신의 발전 가능성에 대한 신념이기 때문입니다.

두 번째 부류의 직장인들은 어떤 사람들일까요? 먹고살기 위해 직장을 다니는 사람들보다 약간 다른 차원의 부류였습니다. 단순히 먹고사는 생계의 수준에서 벗어나 자신의 실력과 역량을 키워나가기 위해 직장을 다니는 사람들이었습니다. 이런 사람들을 '배움과 성장을 위해 일하는 직장인'이라고 할 수 있겠죠. 자신의 역량을 키우고 배우고 성장하기 위해 직장을 다니는 사람들이였습니다.

놀라운 사실은 세 번째 부류의 직장인들이었습니다. 세 번째 부류의 직장인들은 자신이 하고 있는 일 자체에 대한 의미와 가치를 발견하여 그것에 헌신을 하는 사람들, 즉 소명의식을 가지고 일을 하는 사람들이었습니다. 소명의식을 가지고 일하는 사람들은 과연 어떤 마음가짐으로 일을 할까요? 청소부에게 "당신의 일은 무엇인가요?"라고 질문하면 소명의식을 가진 청소부는 이렇게 대답합니다. "지구의 한 모퉁이를 쓸고 있고 아름답게 만들고 있습니다. 그래서 너무나 행복합니다."

세 번째 부류의 간호사에게 "당신의 일은 무엇입니까?"라고 질문하면 이렇게 대답합니다. "저는 인간의 병을 치료하고 인간이 건강하게 살아갈 수 있도록 도움을 주고 있습니다. 그래서 저는 너무나 행복합니다."

중국음식점 배달원 중에서도 일에 대한 남다른 자부심과 긍지를 가지고 있는 사람들이 있습니다. 바로 이런 세 번째 부류의 사람들입니다.

일의 가치와 의미를 찾고 그것에 헌신하는 소명을 가진 직장인은 일하는 것이 힘들지 않고 즐겁다는 것입니다. 삶이 점점 더 행복해지고, 충만한 삶을 살아갈 수 있다고 합니다. 직업에 상관없이 모두 마찬가지라는 것입니다.

재미있는 사실은 그저 먹고살기 위해 일하는 사람보다 소명의식을 가지고 일하는 사람이 훨씬 더 일을 잘하고 훨씬 더 행복하게 직장생활을 한다고 합니다. 자신의 직업을 어떤 직업으로 어떻게 규정하느냐에 따라서 그 사람의 성취도와 만족감과 행복감, 즉 모든 것이 달라진다는 사실을 우리는 기억해야 합니다.

이것은 우리의 인생에도 고스란히 적용됩니다. 먹고살기 위해 사는 사람과 배움과 성장을 추구하며 사는 사람, 자신의 삶에서 가치와 의미를 발견해서 그것을 위해 헌신을 하며 사는 사람으로 나눌 수 있습니다. 당신은 어떤 부류의 사람입니까?

제가 이 이야기를 하는 이유는 오늘 제가 말씀해드리고자 하는 주제와 약간 닮아 있습니다. 오늘의 주제에 대해서 본격적으로 이야기를 시작해보겠습니다.

"당신은 어떤 독서를 하고 계십니까?"

저는 3년 1000일 독서를 하면서 수많은 책을 탐독하게 되었고, 책을 통해 수많은 독서가를 만날 수 있었습니다. 그러다가 한 가지 사실을 깨닫게 되었습니다. 독서라고 해서 다 똑같은 것이 아니라는 사실 말입니다.

수많은 독서가가 있지만, 이들은 크게 세 부류로 나눌 수 있었습니다. 이 이야기가 오늘의 강의 주제입니다.

첫 번째는 독서를 통해 부자가 되고 성공하게 되는 '성공을 위한 독서가'로 분류할 수 있습니다. 주식과 부동산, 재테크를 위한 독서를 하고 계십니까? 경쟁에서 승리하고, 회사에서 승진하고 사회에서 성공하기 위한 독서를 하고 계십니까? 이런 부류의 독서가도 '성공을 위한 독서가'라고 할 수 있습니다.

"오늘의 나를 있게 한 것은 우리 마을 도서관이었고, 하버드대학교 졸업장보다 소중한 것이 독서하는 습관이다"라고 말한 빌 게이츠와 "당신은 결코 독서보다 더 좋은 방법을 찾을 수 없을 것이다"라고 한 워렌 버핏은 대단한 독서광이었습니다. 독서를 통해 부자가 되었고 성공을 했다는 사실은 누구도 부인할 수 없습니다.

두 번째 부류의 독서가는 중국의 공자와 근대 일본을 일으켜 세운 일본의 후쿠자와 유키치를 들 수 있습니다. 공자와 유키치는 '배움과 성장을 위한 독서'를 했습니다. 공자는 이런 말까지 남겼습니다. "배우고 익히면 즐겁지 아니한가?"

후쿠자와 유키치는 일본의 만 엔 권에 얼굴이 담긴 주인공이기도 합니다. 제 개인적인 평가이지만 그는 지금의 일본을 있게 만든 사람 중의 한 명이라고 할 수 있습니다.

일본인은 원래 독서를 즐겨 하지 않았던 민족이었습니다. 근대에는 더 심했습니다. 그런 근대 일본을 일으켜 세워 독서 강국 일본으로 도약하는 토대가 되어준 정신적 지주가 후쿠자와 유치키입니다. 유키치는 자신의 책 《학문의 권장》(소화)을 통해, 다음과 같이 말하면서 일본인들을 성장시키고 독서를 하게 만들었던 것입니다.

> "하늘은 사람 위에 사람을 만들지 않았고 사람 위에 사람 없고 사람 밑에 사람을 만들지 않았다."

누구라도 배우고 공부하면 천황도 될 수 있으므로 많은 책을 읽고 또 읽고 또 읽으라며 일본 국민을 계몽하였습니다. 지금 일본의 토대를 마련했다고 해도 과언이 아닌 후쿠자와 유키치는 일본 국민들에게 배움과 성장을 위한 독서를 강조한 인물입니다.

세 번째 부류의 독서가는 어떤 독서가일까요? 오늘의 핵심 주제이기도 합니다. 한마디로 이야기하면, 인생에 의미와 가치를 발견하고 소명을 위한 독서를 하는 독서가입니다. 인생에 뚜렷한 목표와 소명의식을 가진 독서가 입니다. 이것은 우리 선조들이 평생을 두고 몸소 실천했던 위대한 독서였습니다. 저는 세 번째 부류의 독서가를 국가와 민족을 바꾸는 위대한 독서가 혹은 위대한 인생의 독서가, 줄여서 '위대한 독서가'라고 말하고 싶습니다.

앞서 예일대학교 심리학과 교수의 세 가지 부류의 직업에 대한 인식을 말씀해드렸습니다. 똑같은 직장을 다니고 똑같은 일을 해도 단순히 먹고살기 위해 일하는 사람이 있는가 하면, 소명의식을 가지고 일하는 사람이 있다고 말입니다.

독서가의 세 부류를 정리하며 이러한 원리가 그대로 적용이 된다는 사실을 알게 되었습니다. 똑같이 독서를 해도 어떤 사람은 먹고살기 위해서 하고, 또 어떤 사람은 배움과 성장을 위해 합니다.

그런데 우리 선조들은 독서의 차원이 달랐습니다. 선조들은 뚜렷한 소명의식을 가지고 독서를 했던 위대한 독서의 대가들이었습니다. 대표적인 인물이 너무나 많지만 시간 관계상 두 분만 소개해드리겠습니다. 바로 세종대왕과 안중근 의사입니다.

1910년 3월 26일, 안중근 의사의 사형이 집행되던 순간에 사형 집행인이 안중근 의사에게 물었습니다. "마지막 소원이 무엇입니까?" 안중근 의사는 자신의 생애 마지막 순간에 "5분만 시간을 주십시오. 책을 다 읽지 못했습니다"라고 답했다고 합니다.

안중근 의사는 왜 인생의 마지막 순간에도 독서를 멈추지 않았을까요? 그분에게 독서는 평생을 두고 인생을 걸고 소명의식을 가지고 하는 위대한 독서였기 때문입니다.

안중근 의사의 어머니는 옥중에 있는 자신의 아들에게 이런 내용의 편지를 보냈습니다. "구차하게 목숨을 일본인들에게 구걸하지 말고, 민족과 나라와 후손을 위해서 그냥 죽어라." 이것이 우리 민족의 정신입니다. 우리 민족의 훌륭한 어머니들의 기개이며 용기이며 패기이며 혼입니다. 바로 이런 분들 때문에 지금 우리나라가 존재하는 것입니다. 죽음도 두려워하지 않는 정신이 우리 민족의 정신입니다. 눈에 넣어도 안 아픈, 세상에서 가장 귀한 자신의 자식에게 목숨을 구걸하지 말고 당당하게 죽으라고 이야기했던 위대한 어머니들이 바로 소명을 가진 위대한 인생을 살았던 우리의 선조들이었던 것입니다.

세종대왕이 최고의 위치에서도 가장 열심히 게을리 하지 않았던 것이 바로 독서였습니다.

"민족과 나라와 후손을 위해 우리 공부하다가 죽읍시다."

세종대왕은 집헌전 학자들에게 입버릇처럼 말했다고 합니다. 그의 독서는 민족과 나라와 후손을 위해 하는 소명을 가진 위대한 독서였습니다.

놀랍게도 21세기에 한 분은 대한민국의 중심인 광화문 광장에 또 한 분은 서울의 중심인 남산 정상에 그 동상이 세워져 있습니다. 이것은 위대한 독서가이기도 한 그들이 얼마나 훌륭한 인생을 살았 인물인가라는 물음에 대한 가장 정확한 답이기도 할 것입니다.

여러분들은 지금 어떤 독서를 하고 계십니까? 혹은 어떤 독서를 더 좋아하십니까? 저는 미국의 빌 게이츠와 워렌 버핏이 했던 부자가 되고 성공하게 해주는 '성공 독서'보다도, 중국의 공자와 일본의 후쿠자와 유키치가 했던 배움과 성장을 위한 '성장 독서'보다도, 우리의 선조들이 소명을 가지고 몸소 실천했던 '위대한 독서'가 백 배 정도 더 좋습니다. 오늘부터라도 저와 함께 우리 선조들의 위대한 독서를 다른 부류의 독서보다 조금이라도 더 좋아해주시겠습니까?

대한민국은 누가 뭐래도 위대한 나라입니다. 위대한 대한민국은 저절로 만들어진 것이 아닙니다. 우리 선조들의 위대한 독서가 밑바탕이 되었고, 뿌리가 되었기 때문에 가능했다고 믿습니다.

저는 아무것도 내세울 것 없는 평범한 사람입니다. 하지만 멈추지 않고 우리 선조들의 차원이 다른 위대한 독서를 발굴하고 연구해서 자랑스러운 우리 선조들의 위대한 독서를 세상에 알리는 일을 계속해나갈 것입니다.

우리 선조들의 위대한 독서에 함께해주시겠습니까? 오늘부터 우리 선조들의 독서는 위대한 독서였다고, 그리고 그 위대한 독서를 하셨던 위대한 선조들을 우리의 후손들이, 후손의 후손들이 그 후손의 후손의 후손들이 꼭 기억해주어야 한다고 말입니다.

오늘 집에 돌아가셔서 자녀들에게 꼭 이야기해주십시오. 우리 선조들의 독서는 차원이 다른 독서였다고, 그 위대한 독서에 대해서 이야기해주십시오.

6장

독서에도 종류가 있다

"무릇 책을 읽는 사람은 반드시 단정히 앉아 삼가 공경하여
책을 대하며, 마음을 오로지하고 뜻을 극진히 하여
글의 의미를 정밀하게 이해하고 깊이 생각할 것이며,
구절마다 반드시 실천할 방법을 찾아야 한다.
만일 입으로만 읽어서 마음으로 체득하지 못하고
몸으로 실행하지 못한다면, 책은 책이고 나는 나니
무슨 이로움이 있겠는가?"

_ 율곡 이이

독서에도 수준과 질이 있다

독서의 수준과 질을 좌우하는 것은 무엇일까? 그것은 당신이 독서에 대해 가지는 생각일 것이다. 소가 수레를 끌 듯 생각이 당신을 이끈다. 독서에 대한 생각이 편협하고 작다면 독서가 당신을 높은 곳으로 이끌지 못할 것이다. 독서에 대해 아무 생각도 없는 독서가와 이런 생각을 한 번이라도 품어본 독서가는 무엇이 달라도 다를 것이다.

'백만 권의 책을 읽겠다.'

'하루에 최소 열 권의 책을 읽겠다.'

'도서관에 있는 책을 다 독파하겠다.'

'이 세상에서 독서를 가장 많이 한 사람이 되겠다.'

'독서로 인생을 바꾸고 세상을 바꾸겠다.'

'독서로 위대한 인생을 살 것이다.'

'위대한 독서로 위대한 인물이 될 것이다.'

지식이나 얻고, 남들에게 뒤처지지 않기 위해 독서를 하는 사람들의 독서의 수준과 질은 독서를 통해 인생을 바꾸고, 어제의 자신보다 더 나은 자신을 만들고, 한 번 뿐인 인생을 그 무엇보다 가치 있고 의미 있게 만들기 위해 독서를 하는 사람들의 그것과 다르다. 시간을 소일하기 위해서 할 일이 없어서 취미로 독서를 하는 사람과 목숨을 걸고 독서를 하는 사람의 독서 수준과 격은 다를 수밖에 없다. 중요한 것은 독서의 수준과 질이 당신의 인생과 미래의 수준과 질이 된다는 사실이다.

걷는 독서 vs 뛰는 독서 vs 나는 독서

독서에도 뛰는 독서, 걷는 독서, 나는 독서가 있다. 교통수단에도 비행기와 기차와 자전거가 있듯이 말이다.

기는 독서와 걷는 독서는 어떤 독서일까? 그것은 한 글자 한 글자 눈으로 읽으면서 하는 독서다. 많은 사람들이 걷는 독서를 하고 있다. 그래서 책 한 권 읽는 데 다섯 시간도 걸리고 열 시간도 걸린다. 이렇게 느리게 읽는 것이 정상은 아니다. 물론 작정하고 슬로우 리딩을 하는 사람이라면 상관없지만, 속도를 염두에 두지 않고 읽었는데 이렇게 오랜 시간이 걸리는 것은 문제가 심각하다. 도서관에 있는 수많은 유익한 책들을 읽고 싶은 것이 독서가들의 목표나 바람일 수 있기 때문이다.

뛰는 독서는 무엇일까? 한 번에 한 글자가 아니라 여러 단어를 한 번에 읽는 독서다. 그리고 나는 독서는 여러 단어가 아니라 여러 문장을 한꺼번에 읽는 독서다. 여기서 더 나가면 여러 줄을 한 번에 읽는 독서다. 다섯 줄을 한 번에 읽는 독서가를 '일독오행'이라고 부르고, 열 줄을 한 번에 읽을 수 있는 독서가를 '일독십행'이라고 부른다.

걷는 독서와 뛰는 독서, 나는 독서의 가장 큰 특징은 눈으로만 독서를 하는 것인지, 뇌를 사용해서 독서를 하는 것인지이다. 뇌를 사용해야 비로소 여러 줄을 한 번에 읽고 이해까지 할 수 있기 때문이다. 이렇게 되면 독서 속도에서 엄청난 차이가 발생한다. 한 권의 책을 읽는 데 열 시간이 걸리는 사람도 한 시간이면 충분하게 된다.

남는 독서 vs
남는 것이 없는 독서

당신의 독서는 어떤가? 아무리 읽어도 남는 것이 없는가? 읽은 만큼 남는 것이 있어서 유익한 독서인가?

필자가 회사를 그만두고 백수가 된 후 가장 먼저 선택했던 길이 도서관 백수의 길이었다. 자발적 백수가 된 후 매일 도서관에 출퇴근하기 시작했다. 도서관에서 무작정 책을 읽기 시작했다. 그것도 하루 종일 읽고 또 읽었다. 이렇게 8개월 정도를 읽고 나서 엄청난 후회와 좌절이 갑자기 몰려왔다. 아무리 읽어도 머리에 남는 것이 없는 밑 빠진 독에 물 붓기 식 독서를 나도 모르게 해왔던 것이다.

첫 8개월 동안의 독서는 백해무익한 독서였는지도 모른다. 남는 것이 하나도 없다는 것을 필자 본인이 그 누구보다 잘 알았기 때문이다. 몸이 좋아지고 건강해지거나 반대로 나빠지면 주위 사람들보다 본인이 가장 잘 안다. 독서 효과도 그렇다.

정말 남는 독서인지 아닌지는 자기 자신만이 확실히 알 수 있다. 필자는 8개월 동안 남는 것이 없는 밑 빠진 독서를 해왔던 것이다. 그 후로 2개월 동안 심한 좌절과 회의를 느끼고 방황하다가 하나의 돌파구를 발견했는데 그것이 바로 다산 선생이 평생 실천했던 위대한 '초서 독서법'이다.

독서는 매우 중요한 정신 기능이기 때문에 제대로 독서하는 법을 배우거나 익히지 않은 사람은 효과적인 독서, 남는 독서를 할 수 없다. 전문가에게 제대로 배운 사람은 뭐가 달라도 다르다. 스키를 제대로 배우고 익힌 사람은 급경사도 안정적으로 즐기면서 스키를 탈 수 있다. 하지만 제대로 배우거나 익히지 않은 사람은 절대로 스키를 즐길 수 없다. 스키를 제대로 탈 수도 없다. 독서법도 스키와 마찬가지다. 제대로 배우고 반드시 익혀야 한다. 배우기만 해서도 안 된다. 배우고 익혀서 완전하게 자신의 것으로 삼아야 한다.

속독
VS 정독

독서는 매우 중요한 정신 기능이다. 몸의 활동이 아니라 뇌의 활동이고 눈의 지각보다 뇌의 인식 사고 작용이 더 큰 비중을 차지한다. 독서란 글자를 이용한 생각하기, 사고하기다.

속독은 보다 빨리 읽고, 읽은 것을 빨리 이해하는 것을 의미한다. 정독은 속도보다는 이해 중심의 책 읽기다. 다시 한 번 정리하자면 정독의 가장 큰 문제는 이해 중심으로 책을 읽다 보면 이해력이 제자리걸음에 머물 수 있다는 점이다. 오히려 빠른 속도의 책 읽기를 훈련하면 이해력도 함께 향상될 수 있다. 속독과 같은 빠른 속도의 책 읽기는 집중력과 몰입의 훈련이기도 하고 성장이기도 하다.

속독은 독서를 즐기기 위해서 필요한 독서법 중에 하나다. 언제 어디서라도 독서를 즐기기를 원한다면 속독법을 익히는 것이 좋겠다. 속독법은 그 종류도 다양하다. 대충 훑어보는 형태도 있을 것이고, 본문 내용을 건너뛰며 읽는 형태도 있을 것이다.

많은 연구 결과 정독이나 느리게 읽기는 빠르게 읽기만큼 이해도가 높지 못한 것으로 밝혀졌다. 이런 연구 결과들은 기존의 고정관념에 정면으로 위배된다. 많은 사람들은 이렇게 생각한다.

"천천히 읽어야 제대로 이해할 수 있어요."

하지만 연구 결과는 반대다.

"느리게 읽는 독서가는 빠르게 읽는 독서가만큼 책을 이해하지 못한다." 필자도 그렇다고 생각한다. 느리게 읽는 것은 잡념이 생기고 집중하기 힘들고 안구 회귀를 많이 하게 된다. 하지만 빠르게 읽으면, 집중력이 향상되고 잡념이 생기지 않고 안구 회귀를 덜 하게 된다.

필자는 정독보다는 속독, 빠르게 읽기를 추천한다. 그렇다고 해서 무조건 빨리 5분에 책 한 권을 읽으라고 주문하지는 않는다. 한 시간에 한 권 정도, 초보자는 두 시간에 한 권 정도, 숙달된 독서가는 40분 전후에 한 권 정도를 읽고 이해하면 된다.

수평 독서 vs 수직 독서

독서법은 연장과도 같다. 절대 하나만 가지고 있어서는 안 된다. 책이 다양하기 때문이다. 어떤 책은 나무와 같고, 어떤 책은 플라스틱과 같고, 어떤 책은 고철과 같고, 어떤 책은 유리와 같다. 때문에 각각의 책에 맞는 연장은 전혀 다를 수 있다. 한 가지의 독서법만을 가지고 있거나 그것만을 고집하는 사람은 독서의 고수가 될 수 없다.

책의 노예에서 벗어나 책의 주인이 되고 싶다면, 독서에 끌려다니지 않고 주도적으로 끌고 가고 싶다면, 최소한 세 가지 이상의 독서법을 자유자재로 구사할 수 있어야 한다.

당신은 과연 몇 가지의 독서법을 구사할 수 있는가? 한 가지의 독서법도 없이 그저 독서를 해온 사람이 있다면 독서의 세계에서는 초보자와 다름없다. 하지만 세 가지 이상의 각기 다른 독서법을 익힌 사람은 독서의 세계에서 베테랑이다. 이런 사람이 독서를 자유자재로 할 수 있는 사람이고, 독서의 노예가 아닌 주인으로 독서를 즐기는 사람이다.

독서를 주도하기 위해서는 독서 실력이 상당해야 하고, 무엇보다 독서에 대한 의식이 강해야 한다. 독서의 주인이 되기 위해 필요한 독서에 대한 의식에는 이런 것들이 있다.

'책은 반드시 처음부터 끝까지 다 읽지 않아도 된다.'

'남이 읽고 추천한 책이라고 해서 꼭 읽어야 할 의무는 없다.'

'고전이나 명작이라고 해서 반드시 읽어야 하고, 읽지 않으면 잘못이라고 생각할 필요는 없다.'

'필요한 부분만 읽는 것이 나쁜 것은 아니다.'

'책의 내용을 전부 다 이해해야만 하는 것은 아니다. 실제로는 이해하지 못하는 부분이 더 많고, 100퍼센트 이해한다는 것은 존재하지 않는다.'

독서에는 수평 독서와 수직 독서가 있다. 수평 독서는 도서관에 있는 많은 책을 폭 넓게 읽는 것을 의미하고, 수직 독서는 읽은 많은 책들 중에서 자신에게 굉장히 유익하고 좋은 책을 깊게 그 주제나 내용에 도가 틀 때까지 읽는 것을 의미한다.

수평 독서를 할 때 필요한 독서법과 수직 독서를 할 때 필요한 독서법이 다르다. 보통 수평 독서를 할 때 필요한 독서법은 퀀텀 독서법이다. 많은 책을 접해야 하기 때문이다. 하지만 수직 독서를 할 때 필요한 독서법은 초서 독서법이다. 깊게 책의 내용을 따져보고 분석하고 이해하고 통합해야 하고, 여기서 머물지 않고 인출 작업과 정교화 작업까지 해야 하기 때문이다.

수평 독서와 수직 독서를 가장 먼저 실천했던 사람은 '시간을 정복한 남자 류비셰프'로 알려진 류비셰프다. 그가 82세에 생을 마감

하면서 이룬 업무량은 한 사람이 이룬 것이라고 볼 수 없을 만큼 엄청나게 방대한 것이었다. 그는 어떻게 시간을 정복한 남자가 되었을까? 그가 독서를 매우 잘한 이유 중에 하나는 무엇일까? 답은 수직 독서와 수평 독서를 실천했던 최초의 인물이라는 데 있다.

7장

진짜 독서는 뇌를 변화시킨다

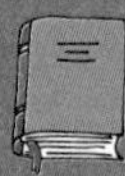

"인류는 책을 읽도록 태어나지 않았으며,
독서는 뇌가 새로운 것을 배워 스스로 재편성하는 과정에서
탄생한 인류의 기적적인 발명이다."

_ 메리언 울프

게임 뇌 vs 독서 뇌

"인간이 자연에게서 거저 얻지 않고 스스로의 정신으로 만들어낸 수많은 세계 중 가장 위대한 것은 책의 세계"라고 헤르만 헤세가 말했지만, 책보다 더 위대한 것이 하나 있다.

그것은 바로 인간의 뇌다. 신이 인간에게 1000억 개의 보물을 주었고, 그 보물 덕분에 우리는 책의 세계를 만들어낼 수 있었다. 인간은 독서를 만들어냈고, 그 독서는 다시 인간의 뇌를 더욱 발전시켰다.

500년 전에 이미 비행기와 컴퓨터와 로봇과 잠수함 등을 설계한 인류 최고의 천재 레오나르도 다빈치를 만든 것은 바로 독서다. 그는 20대 중반까지 평범한 젊은이에 불과했고, 높은 수준의 교육도 받지 못한 사람이었지만, 엄청난 양의 독서를 통해 그의 뇌는 독서를 잘할 수 있는 뇌로 리빌딩rebuilding되었다.

그렇게 독서 뇌가 되자 그는 또 다시 엄청난 양의 독서를 할 수 있게 됐고, 그것은 선순환이 되어 독서량과 독서의 능력은 기하급수적으로 발전했다.

인간의 뇌는 신이 허락한 최고의 보물이자 무기다. 뇌에는 밤하늘에 떠 있는 별보다 더 많은 뉴런neuron과 시냅스synapse가 존재한다. 1000억 개의 별에 100조 개나 되는 다양한 연결 회로가 연결되어 있는 것이 바로 인간의 뇌다.

그런데 게임을 많이 하는 사람은 그 연결 회로가 게임에 최적화되는 방향으로 재구성되고 리빌딩된다. 반면에 독서를 많이 하는 사람은 독서 프로세스에 최적화되는 방향으로 뇌가 재구성되고 리빌딩된다.

그래서 독서를 많이 하는 사람의 대부분은 게임을 싫어하고 할 수 없게 되고, 게임을 많이 하는 사람의 대부분은 독서를 싫어하고 못한다. 우리 뇌가 달라졌기 때문이다.

게임을 많이 하거나 독서를 많이 하면 뇌 회로가 달라지기 때문에 점점 더 다른 사람이 되고 다른 능력을 가지게 된다. 태어나서 평생 게임만 하는 사람의 인지 능력을 측정해보면, 사고력과 통찰력이 매우 낮아서 정상적인 판단과 생각을 할 수 없게 될지도 모른다. 그래서 인생을 낭비하고 허투루 멍한 상태에서 살아가게 될지도 모른다.

독서를 많이 하는 사람들은 다르다. 독서를 할수록 독서 뇌로 재구성되고 리빌딩된다. 그렇게 될수록 삶의 가치와 의미에 대한 인식이 넓어지고 깊어진다. 하루하루 어떻게 살아야 할지에 대해서 더 많이 깨닫고, 더 나은 삶을 살아갈 수 있게 된다.

독서를 많이 하면 세종대왕이나, 안중근 의사, 이순신 장군처럼 나라와 민족을 위해 살아가는 훌륭한 삶을 살게 된다. 독서를 하지 않고 드라마만 많이 보고 게임만 많이 하면 삶의 방향을 잃게 되고, 왜 사는지, 어떻게 살아야 하는지에 대해서 전혀 고민하지 않게 된다. 뇌가 게임 전용이 되어버리기 때문이다.

독서를 하면 새로운 인생을 살 수 있고, 더 나은 삶을 만들어나갈 수 있다. 하지만 게임을 하면 기껏해야 더 나은 게임 플레이만 할 수 있고, 더 큰 자극과 희열만을 느끼게 된다.

우리 인생의 목적과 가치는 한 번 뿐인 삶을 후회하지 않고 잘 살아내는 데 있다. 그런 삶의 진가와 가치를 제대로 발견하기 위해서는 사색의 시간이 필요하고, 그 사색이 우물 안 개구리처럼 편협해지지 않도록 하기 위해서는 다양하고 폭넓은 삶의 지혜와 통찰력과 경험이 담겨 있는 책을 읽고 의식을 확장하는 시간이 반드시 필요하다.

3년 1000일 게임
vs 3년 1000일 독서

당신은 독서를 좋아하지 않을지도 모른다. 부질없는 쾌락과 희열, 게임에만 열중하고 있을지도 모른다. 하지만 세상은 당신이 생각하는 것보다 훨씬 더 의미와 가치가 있는지도 모른다. 게임에만 열중하는 당신은 그 세계를 발견할 수 없다.

우리가 살아가고 있는 이 세계의 진정한 가치와 의미를 무슨 수로 발견할 것인가? 우리가 태어난 목적은 게임을 잘하는 것도, 많이 하는 것도 아니다. 우리에게 주어진 삶을 보다 더 가치 있게, 의미 있게, 보람차게 사는 것이 더 중요하지 않을까? 니체의 말처럼 우리 인생의 목표는 우리 자신을 발전시키고 성장시켜서 우리 삶을 드높이는 데 있는 것은 아닐까?

독서를 많이 하면, 그 과정에서 삶의 진가와 의미를 깨닫게 된다. 하지만 게임을 아무리 많이 한다고 해도 그런 것들을 깨닫게 되지 않는다. 우리가 독서를 많이 해야 하는 이유 중에 하나가 바로 이것이다.

세상이 아무리 바뀌어도 이 사실은 변하지 않는다. 인류의 위대한 스승들이 위인들이 한결같이 강조한 것은 게임이 아니라 독서다. 신이 허락하고 준 선물인 뇌를 극적으로 발전시킬 수 있는 것은 게임이 아니라 독서다. 한 인간의 삶을 변화시키고 성장시켜줄 수 있는 것도 게임이 아니라 독서다.

왜 옛날 사람들은 '남아수독오거서男兒須讀五車書'라고 말을 했을까? 다섯 수레에 실을 만큼 많은 양의 독서만이 우리를 바꾸고 성장시킬 수 있기 때문이다. 남아수독오거서라는 말은 있어도 인간이라면 모름지기 1만 시간의 게임을 해야만 한다는 말은 없다.

생각해보자. 당신에게 게임은 무엇인가? 하루 종일 3년 동안 게임만 하면 3년 후에 당신은 어떤 사람이 되어 있을까? 또 당신의 삶은 그 후 어떻게 변화할까? 반대로 하루 종일 3년 동안 책만 읽는다면, 3년 후에 당신은 어떤 일을 할 수 있는 사람이 되어 있을까? 그리고 또 당신의 삶은 어떤 방향으로 변화할까?

전자의 경우를 실천한 사람도 없지는 않을 것이다. 하지만 그 사람이 어떻게 되었는지 알 수 없다. 하지만 후자의 경우를 실천한 사람은 여기서 지금 이 글을 쓰고 있고, 그 사람이 어떻게 되었는지 정확히 알 수 있다.

3년 동안 하루 종일 책만 읽게 되면 3년 후의 변화는 이렇다. 책을 한 권도 쓸 수 없었던 사람이 1년에 책을 23권이나 출간하는 다작가로 변신하게 되고, 2~3년이라는 단기간에 50~60권 이상의 책을 출간하는 대한민국에서 유일무이한 린치핀linchpin이 된다. 그리고 3년 동안 수백 명에게 책 쓰기 수업을 해서, 그 중에서 200명을 출판사와 정식으로 출간 계약을 하도록 만든 책 쓰기 코치가 된다. 독서한 양과 연 수입은 비례한다는 사실을 온 몸으로 입증한 사람이 되고, 독서량과 성공의 크기가 비례한다는 사실도 삶을 통해 입증한 사람이 된다. 또한 학벌 타파를 실천하고 스펙과 인맥이 없어도 성공할 수 있다는 사실을 입증한 사람이 된다. 거창한 애국이나 인류애라는 말 대신에 조용히 학벌 타파, 스펙 타파, 인맥 타파를 실천하는 사람, 그래서 정말 작지만 긍정적인 영향을 주위에 끼치는 사람이 된다. 독서 강국을 만드는 데, 책 쓰기 강국을 만드는 데 알게 모르게 조금이라도 일조하는 사람이 된다. 한 가지 분명한 사실은 필자가 독서가 아니라 3년 동안 하루 종일 게임만 했다면 절대로 이런 사람이 될 수 없었을 것이라는 점이다.

우리는 자신만 생각해서는 안 된다. 자식이 있는 부모라면 이 심정을 잘 알 것이다. 필자도 자식을 낳기 전에는 잘 몰랐다. 하지만 자식을 낳고 키우면서 드는 생각이 있었다. 자식에게 어떤 사람으로 비추어지는가이다.

3년 동안 게임만 하는 사람을 자식들은 어떻게 생각할까? 미친 놈이라고 생각할지도 모른다. 아니 정말 형편없는 사람이라고 욕할지도 모른다. 하지만 3년 동안 독서만 하는 사람에 대해서도 평가는 별반 다르지 않다.

그 이유는 무엇일까? 멀쩡하게 생겨가지고 남들 다 다니는 직장을 다니지 않고 돈을 벌어다 주지 않기 때문이다. 3년 동안 게임만 하는 사람과 독서만 하는 사람은 백수고 무직자라는 점에서 동일하지만 3년 후의 삶의 변화와 방향, 성공의 크기와 삶의 가치라는 측면에서 보면 하늘과 땅만큼 차이가 크다.

독서는 눈이 아닌
뇌로 하는 것

독서는 눈으로 하는 것이 아니다. 눈은 입력 기관에 불과할 뿐 진짜 몸통은 뇌라는 사실을 알아야 한다. 그런데 뇌에는 '관성의 법칙'이 존재한다.

'만유인력의 법칙'을 발견한 근대 과학 혁명의 창시자인 뉴턴은 1687년《자연철학의 수학적 원리》라는 책을 통해 세 가지 운동 법칙을 제시했다. 그 법칙 중에서 제1법칙이 바로 관성의 법칙이다.

관성의 법칙은 운동하는 물체는 계속해서 운동을 하려고 하고, 정지해 있는 물체는 계속해서 정지해 있으려고 하는 성질을 말한다. 인간도 그렇지만 우리 뇌는 더욱 그렇다.

많은 사람들이 독서를 할 때 눈으로만 하는데, 그렇게 되면 우리 뇌는 관성의 법칙에 따라 그 프로세스를 계속 유지하려고 한다. 그래서 독서력이 어느 수준 이상으로 발전하지 않은 채 초등학생 수준의 독서력을 가지고 평생 독서를 하는 사람들이 적지 않은 것이다.

독서할 때 가장 중요한 부위는 눈이 아니라 뇌라는 사실을 알아야 한다. 인간의 뇌에도 관성의 법칙이 당연히 작용한다. 그래서 뇌는 쓰면 쓸수록 발달하지만, 쓰지 않으면 않을수록 기능이 떨어진다. 그렇게 되면 나중에는 아주 간단한 사고도 주의 집중도 하지 못하는 무능력자가 되고, 인지력이 형편없는 사람이 된다.

인간의 뇌는 1.4킬로그램으로 전체 혈액의 15퍼센트, 전체 산소의 20~30퍼센트, 전체 에너지의 30퍼센트 정도를 사용한다. 인간의 신체 부위 중에서 크기나 무게는 매우 작고 가볍지만, 혈액과 산소 사용량은 어마어마하다. 그만큼 중요한 역할을 담당하기 때문이다.

인간의 뇌는 우주에서 가장 복잡하고 신비하다. 뇌의 연결과 작용은 경이롭기까지 하다. 뉴런은 신경계의 단위로, 그리스어로 '밧줄', '끈'을 뜻한다. 시냅스는 뉴런의 신호를 다른 세포로 전달하는 연결지점으로, 그리스어 '함께'와 '결합하다'의 합성어다. 어원으로도 알 수 있듯이 정보와 자극을 뇌에 전달하는 가장 중요한 역할을 하는 것이 바로 뉴런과 시냅스다.

뉴런과 시냅스에도 관성의 법칙이 적용된다. 그래서 계속해서 많이 사용할수록 뉴런과 시냅스는 활성화되고 강화된다. 비포장도로에 차가 많이 다니고, 사람이 많이 다니면 포장도로가 되고, 2차선 도로에 차가 많이 몰리면 자연스럽게 4차선 도로나 8차선 도로가 되는 것처럼 말이다.

독서를 많이 하면 눈은 달라지지 않지만 뇌는 엄청나게 달라진다. 이것이 바로 우리가 독서를 할 때 가장 많이 사용하고 활성화되는 것이 뇌라는 점, 그리고 독서를 할 때 눈이 아닌 뇌로 해야 한다는 말을 뒷받침해주는 증거다.

눈으로만 독서를 할 때와 눈이 아닌 뇌로 독서를 할 때의 가장 큰 차이는 독서의 효과인데 속도와 이해, 유지, 이 세 가지 측면에서 발생한다. 눈으로만 독서를 할 때는 이해도 집중력도 유지도, 심지어 속도도 떨어진다. 하지만 뇌로 독서를 하면 다르다.

뇌로 독서를 하는 방법 중 가장 오래됐고 가장 효과적인 것은 무엇일까? 앞서 설명한 적이 있는 '초서 독서법'이다.'초서'는 책을 읽다가 중요한 부분만을 뽑아서 쓰는 것을 의미한다. '손은 외부에 나온 뇌'라는 말이 있다. 이 말은 사실이다. 손을 사용해서 독서를 한다는 것을 다르게 표현하면 뇌로 독서를 한다는 말이다.

세종대왕과 정약용도 중국의 모택동도 손을 사용해서 뇌로 독서를 한 인물이다. 뇌로 독서를 하는 순간 우리 뇌는 활성화되고, 뇌의 모든 부분이 가동되고 자극이 된다. 전뇌 독서가 따로 없다.

눈으로만 독서를 하면 부분 뇌 독서다. 하지만 손을 사용해서 독서를 하면 전뇌 독서이자, 뇌를 사용한 독서라고 할 수 있다. 뇌로 하는 독서는 눈으로만 하는 독서에 비해서 엄청나게 효율적이고 빠르고, 기억에도 잘 남는다.

얼마나 효과적인가 하면, 한 번 초서 독서를 한 사람은 다시는 눈으로만 독서를 할 수 없다. 손을 사용해서 독서를 해야만 제대로 된 독서를 한 것처럼 느껴지기 때문이다. 기분 탓이 아니라 실제로 그렇다.

얼마나 뇌로 하는 독서가 좋았으면 모택동은 이런 말을 했을까? "붓을 들지 않는 독서는 독서가 아니다." 눈으로 하는 독서는 독서가 아니라고 말하는 이유는 눈으로 하는 독서와 뇌를 사용해서 하는 독서에는 너무나 큰 차이가 발생하기 때문일 것이다. 왜 손을 사용하는 것이 뇌를 사용하는 독서일까? 뇌과학의 측면에서 접근한 답변이 듣고 싶다면, 그 설명은 캐나다의 유명한 신경외과 의사가 해줄 것이다.

1940~1950년대에 캐나다의 유명한 신경외과 의사였던 와일드 펜필드는 아주 놀라운 발견을 한다. 대뇌피질이 위치별로 받아들이는 신체 감각이 다른 것에서 착안하여 신체감각과 대뇌피질을 연결시킨 뇌 지도인 '호문쿨루스Homunculus'라는 개념의 지도를 만든 것이다. 이 지도를 보면 손을 사용하는 독서가 왜 뇌를 사용하는 독서인지 분명하게 알 수 있다.

손과 손가락 부위가 대뇌피질의 감각 영역과 운동 영역에서 가장 많은 부위, 전 부위를 차지하고 있다는 사실을 우리는 처음으로 그의 뇌 지도 덕분에 알 수 있게 되었다. 결론적으로 손과 손가락을 움직이면 뇌의 가장 많은 부분을 자극시키고 활동하게 할 수 있다는 것이다. 다시 말해 손을 사용해서 독서를 하면, 즉 초서 독서를 하면 그것은 손을 사용하는 것일 뿐만 아니라 직접적으로 뇌를 사용해서 독서를 하는 것과 동일하다는 결론에 이른다.

손을 많이 사용하는 아이들이 머리가 좋은 이유가 여기에 있다.

손을 많이 사용해야 하는 악기 연주도 마찬가지다. 어릴 때부터 악기 연주를 배우면 머리가 좋아지는 이유가 바로 이것이다.

젓가락을 사용하는 민족이 세계에서 가장 아이큐가 높다는 사실은 어떻게 설명해야 할까? 이는 우연이 아니라 젓가락을 사용하면, 손을 사용하게 되고 그럼으로써 뇌를 직접적으로 자극하고 반복적으로 활용하게 되기 때문이다. 그래서 젓가락을 사용하는 민족인 한국, 일본, 중국 인들이 다른 나라 사람들에 비해 지능지수가 가장 높은 것이다.

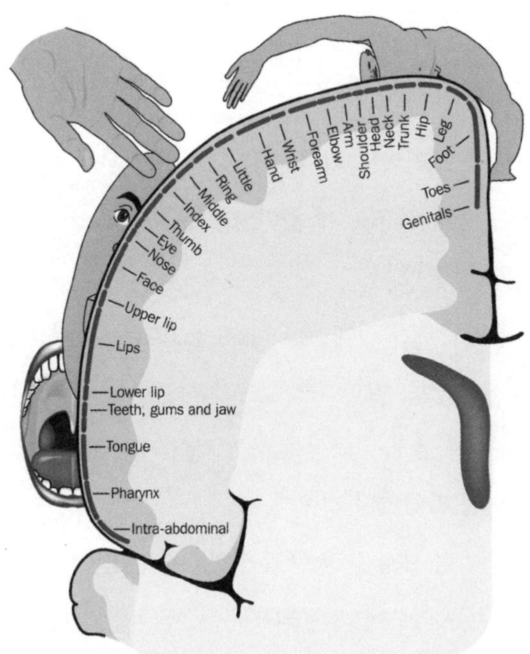

〈호문쿨루스 _ 감각 모형 그림〉

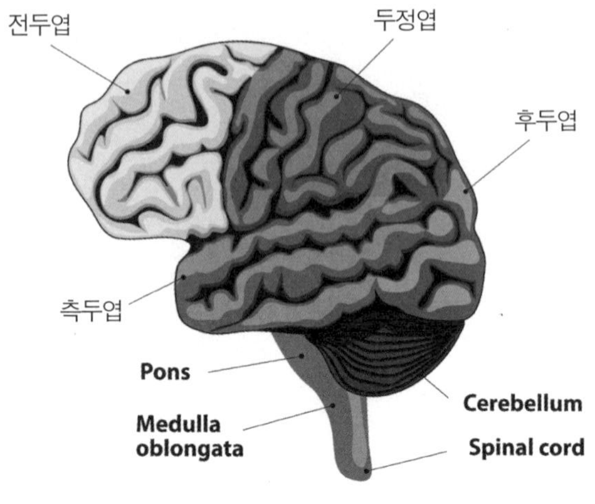

〈인간의 뇌 구조〉

앞의 그림을 보면 필자의 설명을 더욱 명확하게 이해할 것이다. 인간의 손이 뇌의 전 부분에 얼마나 많은 영역을 차지하고 있는지를 쉽게 이해할 수 있다.

뇌과학이 발달하기 전에 세종대왕, 정조대왕, 정약용, 모택동 등은 모두 직관적으로, 경험적으로 손을 사용하는 것이 뇌를 깨우는 활동이고 손을 사용해서 독서를 하는 것이 가장 효과적인 독서법이라는 사실을 알고 있었던 것이다.

괴테 역시 이런 사실을 잘 알고 있었음에 분명하다. 그가 한 말을 보면 안다. "손은 외부에 나온 뇌"라는 말을 한 사람이 괴테다. 그는 어떻게 이 사실을 알고 있었을까?

괴테 역시 독서 천재였다. 독서 천재들은 남들에게 없는 통찰력이 있다. 그런 통찰력으로 그는 손이 뇌만큼 중요할 뿐만 아니라 손이 바로 뇌라는 사실을 인식하게 되었다고 필자는 생각한다.

독서는 눈이 아닌 뇌로 하는 것이다. 뇌를 활용해서 독서를 해야만 독서의 효과가 있기 때문이다. 눈으로 하는 독서는 가장 비효율적인 독서이고, 그런 점에서 정독이나 속독은 비효율적인 독서라고도 할 수 있겠다.

우리는 외부에 나온 뇌인 손으로 독서를 하거나 뇌로 독서를 직접 하는 법을 배워서 실천해야 한다. 뇌를 활용하는 독서법에는 어떤 것이 있을까?

세상에는 많은 독서법들이 존재한다. 그 모든 독서법을 필자가 배우거나 익히지는 못했다. 하지만 많은 독서법 관련 책을 통해서 그 독서법이 어떤 원리인지 무엇을 활용하는지는 어느 정도 알 수 있었다.

특히 필자가 직접 창안하고 실제로 5년 동안 3000명의 성인에게 전수해 그들의 독서력을 3~4주 만에 세네 배, 심지어 60배나 향상시켜준 독서법인 퀀텀 독서법에 대해서는 세상에서 누구보다 잘 알고 있다.

뇌를 활용한 독서법은 몇 가지가 있는데, 그중에서도 확실하게 이야기할 수 있는 독서법이 퀀텀 독서법이다. 필자가 가장 잘 알고 있는 독서법이기 때문만은 아니다. 실제로 퀀텀 독서법을 배우고 익힌 사람들이 갑자기 그림을 그리고 싶어진다고 하거나, 밤새 잠이 안 오고 머리가 너무 맑아지게 되었다고 하거나, 오른쪽 뇌가 후끈거리고 아프다고 하거나, 몰입의 최고 단계에 빠져들게 되었다고 하거나, 갑자기 한 페이지가 몽땅 보이게 되었다고 하는 말들을 통해서 예측이 가능하기 때문이다.

눈으로 하는 독서와 뇌로 하는 독서의 가장 큰 차이는 독서의 효과이며 독서력 향상의 격차다. 눈으로 하는 독서는 평생 해도 독서력은 별반 차이가 없지만, 뇌로 하는 독서는 몇 주만 훈련해도 독서력이 괄목상대하게 발전한다. 필자는 이미 성인 3000명의 빅데이터를 갖고 있다. 그 3주 동안의 기적을 필자는 네이버 공식카페 '김병완 칼리지'에 투명하게 오픈하고 보여준다.

퀀텀 독서법 수업에 참여한다고 독서법 세 배 향상에 100퍼센트 성공하는 것은 아니다. 하지만 90퍼센트 이상의 수강생이 성공한다. 100퍼센트의 성과를 창출할 수 있는 독서법은 세상에 존재하지 않는다.

뇌에는 독서를 위한 공간이 존재하지 않는다

충격적인 이야기를 하나 해볼까 한다. 이 책을 열심히 읽은 독자라면 이미 알고 있는 사실지만, 인간의 뇌에는 독서를 위한 뇌 회로나 공간이 존재하지 않는다. 그래서 태어나자마자 혹은 자연스럽게 글자를 읽거나 독서를 할 수 있게 되는 사람은 존재하지 않는다.

이것이 무슨 충격적인 이야기인가? 잘 생각해보면 이해할 것이다. 말하고 듣기 위한 뇌 공간이나 뇌 영역, 뇌 회로는 이미 만들어진 상태로 태어난다. 그런데 독서를 위한 영역, 독서를 위한 뇌 회로는 만들어진 뒤에 태어나는 것이 아니라 태어난 인간이 후천적으로 개척하고 만들어가야 한다.

독서를 처음 배우면 우리 뇌에서는 기적과 같은 일이 일어난다. 컴퓨터를 업그레이드해서 없던 사운드 칩이나 그래픽 카드를 추가하면 그 전에는 소리가 나지 않았는데 소리가 나고, 고감도의 그래픽과 이미지와 동영상을 볼 수 있게 되는 것처럼, 그리고 메모리가 부족해서 많은 양의 데이터를 저장하지 못했는데 메모리를 하나 더 추가하면서 그것이 가능해지는 것처럼 독서를 처음 배우면 이런 일들이 일어난다.

신경 전달이 활발하게 일어나게 되고 시냅스는 그 전에는 없던 가지나 길과 같은 패턴이나 다리를 새롭게 만들어 다른 뉴런으로 길을 만든다. 그 길이 처음에는 가늘고 차도 많이 빨리 달릴 수 없는 비포장 1차선도로에 불과하지만, 독서를 훈련하고 연습할수록 그 도로는 포장도로가 되고 8차선도로가 된다.

독서법을 제대로 훈련하고 연습하는 사람의 뇌에서는 뇌 회로가 활성화되고 강화된다. 정보와 흥분, 자극의 전도가 훨씬 빨리 많이 일어날 수 있는 뇌 회로가 새롭게 만들어진다. 태어날 때는 존재하지 않았던 독서 프로세스가 만들어지고, 그것이 반복되면 독서 메커니즘이 생기고, 새로운 정형화된 독서 루틴이 형성된다. 뇌는 후천적인 학습이나 훈련에 의해 얼마든지 재구성될 수 있다. 이것이 뇌의 힘이고 신비다. 이런 뇌의 신비를 '뇌 가소성'이라는 하나의 단어로 설명하기에는 어려움이 따른다.

일본 도호쿠대학교 미래과학기술공동연구센터 가와시마 류타 교수는 책을 많이 읽으면 우리 뇌의 전두전야가 발달한다고 주장한다. 전두전야는 전두엽에 속한 이마 영역에 있는 부위로 자신이 가지고 있는 모든 지식과 정보, 경험을 상황에 맞게 통합하고 조합해서 적절히 사용하는데 최종적인 종합 사고력, 판단력, 상상력, 창조력을 주관한다.

독서는 단순히 인쇄된 활자를 읽고 그 의미를 이해하는 것에서 끝나는 것이 아니다. 독서는 무에서 유를 창조하는 것과 다름없다. 특히 독서를 통해 뇌가 변화하고, 그 변화된 뇌가 만들어내고 상상하는 것을 보면, 무에서 유를 창조하는 것이 독서라고 누구나 이야기할 것이다. 그래서 독서가 기적이라고 말할 수 있는 것이다.

인간이 뇌를 발명하거나 만들지는 않았다. 인간은 신이 창조했고, 신이 인간의 뇌도 만들었다. 그리고 인간은 책을 만들었다. 책을 읽는 뇌 회로가 인간의 뇌에 존재하지 않다는 것을 뒤늦게 알게 되었고, 독서법을 만들기 시작했다. 하지만 독서법의 발견과 독서법의 진화는 오랫동안 멈춰 있었고, 우리는 자만하기 시작했다.

독서는 누구나 할 수 있는 것이라며 자만하게 되었고, 그 결과 문해력이 꼴찌인 나라의 국민으로 전락하게 된 것이다. 읽어도 이해를 못하는 것은, 들어도 이해하지 못해 소통이 안 되는 것보다 더 심각한 문제를 초래한다.

뇌 가소성 덕분에 독서가 가능하다

뇌는 학습이나 훈련에 의해 평생에 걸쳐 변화하고 발전한다. 어떻게 보면 인간 진화의 핵심은 이런 뇌의 특성, 즉 뇌 가소성 덕분이라고 할 수 있다.

살면서 눈으로 보고 듣고 읽고 경험한 모든 것은 우리의 뇌를 바꾸어놓는다. 엄청난 양의 독서를 하면 어마어마하게 성장하고 발전하는 이유도 이런 인과의 법칙에 따르기 때문이다.

경험한 양만큼 깊이만큼 넓이만큼 우리는 딱 그 만큼 성장하고 발전한다. 시간 대비 인간에게 가장 많은 경험을 선사할 수 있는 것은 단연 독서다.

독서만큼 유익하고 효과적이고 놀라운 것은 인간 발전 측면에는 존재하지 않는다. 뇌 가소성 덕분에 독서는 기적의 수단이 될 수 있는 것이다.

삶의 이유에 대한 책을 읽으면, 우리 뇌는 삶의 이유와 관련한 뉴런과 시냅스를 활성화시킨다. 그리고 뇌 전반에 걸쳐 삶의 이유에 대한 모든 정보와 지식과 경험이 수많은 전기 화학적 반응과 전달과 소통을 하게 되고, 그 결과 삶의 이유와 관련된 모든 사상과 의식과 경험과 지식이 담긴 뉴런과 시냅스가 또 한 번 연결되거나 새로운 길이 만들어진다. 나아가 그 길들의 패턴과 회로가 더 넓어지고 더 강화되고 더 밀도 있게 재구성된다.

삶의 이유에 대한 책을 오랫동안 많이 읽으면 삶의 이유에 대해 누구보다 확실하게 분명하게 알 수 있다. 이렇듯 한 분야의 전문가가 된다는 것은 우리 뇌가 그 분야의 전문가 뇌로 재구성되고 새롭게 리빌딩되었다는 것을 의미한다.

행복에 대한 책을 많이 읽으면, 우리 뇌는 행복과 관련된 뉴런과 시냅스를 특별히 활성화시킨다. 그리고 행복해지겠다고 마음먹으면, 우주보다 더 복잡한 뉴런과 시냅스, 뇌 회로 전반에서 행복해질 수 있는 경험과 지식과 정보와 의식 등 모든 것들이 동시 다발적으로 전기 화학적 신호를 보내주고 이 모든 것을 전두전야가 통합하고 조합하여 새로운 행복의 방법을 만들어내고 상상하고 창조한다.

그 결과 행복에 대한 새로운 논문이나 책을 쓸 수 있게 되고, 강의도 할 수 있게 되는 것이다. 행복에 대한 책을 많이 읽으면 우리 뇌의 전 부분이 일심동체가 되어 행복해지는 최적의 방법, 최고의 방법을 찾아내고, 그것을 온 몸과 마음과 의식이 실시간으로 받아들이고 적용하기 때문에 책을 읽는 것만으로도 행복한 감정이나 행복 정도가 훨씬 더 높아지게 된다. 이것이 독서의 마법이고 독서가 치유이자 회복이자 휴식이 되는 이유이며, 이 모든 것이 바로 뇌의 가소성 덕분이다.

뇌의 가소성은 최고의 축복이며, 독서는 의무가 아니라 최고의 특권이라는 사실을 이런 측면까지 이해하는 사람들이 과연 몇이나 될까? 일전에 어떤 베스트셀러 소설가가 방송에 출연해서 독서를 왜 해야 하는지에 대한 질문에 이렇게 대답을 하는 것을 본 적이 있다.

"독서를 많이 하면 유식해지고 유식해지면 무식한 사람보다 더 나으니까 독서를 많이 하는 것이 좋습니다."

또 어떤 사람은 이런 말을 한다.

"독서를 많이 하는 사람을 두려워해야 하는 이유는 그 사람의 자세와 노력 때문이다."

틀린 말은 아니다. 어떤 측면에서는 맞는 말이다. 하지만 독서의 더 큰 위력과 비밀에 대해 제대로 알고 있다는 생각이 들지 않는 것은 왜일까? 아주 중요한 사실을 알고 있으면서도 별로 중요하지 않은 일을 말할 이유가 있었을까?

뇌 가소성에 대해 쉽게 이해하기 위해 시냅스를 관찰해보면 책을 한 페이지 혹은 한 권만 읽어도 뇌가 반응하고 변한다는 것을 쉽게 안다. 물론 시냅스의 변화를 우리가 눈으로는 볼 수 없지만, MRI 등 최첨단 장비를 통해 뇌의 활동을 볼 수 있고 예측할 수 있다. 독서를 하지 않았을 때와 독서를 했을 때 우리 뇌가 가장 먼저 반응한다. 책을 한 페이지만 읽어도 단순하고 고정화되어 있는 시냅스가 활성화되고 사방으로 연결을 시도한다.

수천 권의 독서를 한다면 이런 시도가 얼마나 많이 발생할까? 그래서 수천 권의 책을 독파하면 그 전과 후의 뇌가 완전하게 달라졌다는 것을 강렬하게 느낄 수 있게 되는 것이다. 독서는 뇌 속에 새로운 길을 만들고, 굳어지게 하고, 포장을 한다. 수많은 차들이 더 쉽게 더 빨리 더 효율적으로 달릴 수 있도록 말이다.

해마와 편도체 정복하기

독서를 하면 가장 먼저 변화가 일어나는 부위가 어디일까? 바로 해마다. 해마는 무슨 기능을 담당할까?

뇌과학 분야에서 기념비적인 실험을 했던 적이 있었다. 해마와 관련된 실험이었고, 해마의 중요성을 처음으로 인류가 알게 된 실험이었다. 한 중증 간질 환자가 27세에 뇌 절제 수술을 받았다. 당시 이 분야에서 최고의 명성을 떨치고 있었던 윌리엄 비처 스코빌 박사가 집도했고, 정신질환의 원인이 되는 뇌의 일부를 잘라 이를 근본적으로 치료하기 위해 좌우반구를 연결하는 부위의 해마 대부분을 제거했다.

경과는 나쁘지 않았다. 발작이 없어졌다. 하지만 예상치 못한 부작용이 나타났다. 환자의 운동, 지능, 감각 기능 등은 모두 정상이었지만, 더 이상 새로운 기억을 할 수 없게 되었다. 즉 새로운 장기 기억 형성 능력을 잃게 되었다. 그는 어떤 것도 30초 이상 기억할 수 없게 되었다. 때문에 그는 사망할 때까지 '순간'만을 살게 되었다. 이 수술은 그를 비참하게 만들었지만, 그 비극 덕분에 그를 상대로 수백 건의 연구가 이뤄졌고, 이를 통해 우리가 지금 알고 있는 '기억'과 '학습'에 관한 거의 모든 것이 밝혀졌다.

그의 희생(?) 덕분에 인지 기능과 관련된 뇌과학은 엄청난 발전을 하게 되었다. 여기서 우리가 살펴봐야 하는 것은 그의 뇌에서 제거된 해마다. 해마는 기억을 담당한다. 우리가 새로운 것을 기억하기 위해 반드시 있어야만 하는 것이 해마다. 특히 장기 기억을 하기 위해서는 해마와 대뇌피질이 꼭 있어야 한다.

해마는 1센티미터 정도의 너비에 길이가 5센티미터 정도로 길다란 모양을 하고 있고, 양측 측두엽에 한 개씩 존재한다. 좌측 해마는 최근의 일을 기억하고, 우측 해마는 보통 태어난 이후의 모든 일을 기억한다. 새로운 사실을 학습하고, 배우는 데 필요한 해마가 손상되면 새로운 그 무엇도 기억할 수 없게 된다. 새로운 정보가 해마에 들어오면, 해마는 20~30초 동안 단기 기억을 한 후 대뇌피질로 보내 장기 기억으로 저장하거나 삭제한다. 해마와 대뇌피질 사이의 정보 이동은 주로 밤에 일어난다.

숙면을 취하는 것이 얼마나 중요한 것인지 이를 통해서 알 수 있다. 독서의 대가들은 규칙적인 생활을 했고, 매일 충분한 잠을 자면서 술과 담배, 유흥을 멀리했다는 사실을 우리는 알아야 한다.

단기 기억과 장기 기억

인간에 대해서 우리는 얼마나 잘 알고 있는가? 효과적인 독서를 위해서는 인간의 뇌 인지 작용의 원리와 기억 체계와 시각 체계 등을 알아야만 한다. 그렇게 해야 궁극적으로 독서력도 향상될 수 있다.

무턱대고 독서만 한다고 1만 시간 이상 오랜 시간 독서를 한다고 독서력이 향상된다고 말할 수는 없다. 인간의 실력이나 능력이 도약하기 위해서는 세 가지 조건에 부합해야 한다. 천재로 도약하는 사람들을 살펴보면 다음의 세 가지 요소가 공통적으로 존재했음을 알 수 있다.

첫 번째는 1만 시간 이상이라는 절대적인 훈련과 연습량이 필요하다.

두 번째는 신중하게 효과적으로 계획된 심층적이고 구체적인 훈련 방법이 필요하다. 오랜 시간 무턱대고 연습하는 것보다 중요한 것은 효과적인 연습 방법과 훈련이다. 이 부분이 인간의 능력을 도약시켜주는 가장 중요한 요소이기 때문이다. 30년 동안 탁구 동호회였던 사람과 3년 동안 탁구 선수였던 사람이 있다. 누가 더 탁구 실력이 좋을까? 30년이라는 엄청난 시간 동안 탁구를 했던 동호회 사람이 아니라 3년 동안 탁구 선수를 했던 사람이 훨씬 더 탁구 실력이 좋다. 그 이유가 바로 효과적인 연습 방법과 훈련에 있다. 신중하게 효과적으로 계획된 심층적이고 구체적인 훈련에는 세 가지 요소가 있다.

첫째, 한계를 뛰어넘는 훈련과 연습(때문에 실수나 실패가 필연적으로 많은 것이다.)

둘째, 한 번을 해도 제대로 하는 데 집중하고 자신의 훈련을 검증하고 교정

셋째, 그 과정을 무한 반복(시간이 많이 걸린다.)

세 번째는 자신의 재능에 불이 붙게 해주는 점화 장치와 같은 강력한 의도와 동기 부여다. 이것이 있는 사람일수록 남들보다 더 빨리 도약하고 성장한다. 그래서 마음의 자세와 태도가 무엇보다 중요한 것이다.

이런 노력이나 조건도 중요하지만 어떤 분야의 전문가가 되기 위해서 더 중요한 것이 있다. '지피지기백전불태知彼知己 百戰不殆'라는 말처럼 자신의 눈과 뇌의 작동 원리와 기억 체계에 대한 이해가 독서력 향상이라는 전쟁에서 불패하는 최고의 전략이다.

결론은 이것이다. 당신은 인간의 기억 체계와 기억 원리에 대해서 얼마나 알고 있는가? 인간은 그 많은 정보를 다 기억하는 것일까? 아무런 원리도 없이, 체계도 없이 망각해버리는 것일까?

인간의 기억 체계와 관련해서, 독서와 관련해서 당신이 꼭 알아야 할 기억 체계와 관련된 두 가지 지식이 있다.

첫 번째는 인간은 망상 활성화 체계를 가지고 있다는 것이고, 두 번째는 인간의 기억 체계가 단순하지 않다는 것, 즉 이중 기억 체계라는 점이다.

망상 활성화 체계RAS, Reticular Activating System는 뇌가 받아들이는 모든 감각적인 내용들을 거르는 여과 장치 역할을 한다. 망상체網狀體라고도 부르는 이것은 척추동물의 뇌간에 존재하는 신경 세포군으로, 척수, 소뇌, 대뇌반구와 연결되어, 외부의 수많은 정보를 걸러주고, 학습, 자기 통제, 동기 부여 등을 관장한다. 망상체 안에 주의력을 관장하는 도파민 및 노르에피네프린 등의 신경전달물질이 있는데, 이 물질이 부족하거나 이상이 있을 경우에 ADHD(주의력결핍과잉행동장애)가 되는 것이다.

망상체의 가장 특별한 기능은 1초에 약 1억 개씩 밀려드는 신경

펄스를 초고속으로 분류해서 중요한 것은 저장하고, 그렇지 못한 것은 다 삭제한다. 이렇게 함으로써 망상체는 뇌의 정보 과잉 상태를 예방하고, 뇌로 하여금 꼭 필요한 정보, 중요한 정보에 초점을 맞출 수 있도록 도와준다.

뇌 전문가들보다 자기계발 전문가들이 망상체를 많이 언급하는 이유는 이 기능을 확장시켜서 성공이나 부, 목표나 긍정적인 마음 자세와 심리에 초점을 맞추면 망상체도 이런 쪽의 정보만 기억, 저장하게 하고, 부정적인 것이나 가난, 실패와 같은 것들은 모조리 삭제해버리기 때문이다.

바로 이런 이유에서 뇌 망상체의 기능을 이용해 성공이나 부, 긍정적인 것에 주목하고 집중하면 그와 관련된 것들만 우리의 의식과 무의식에 저장되므로, 성공이나 부에 점점 더 가까워질 수 있다고 주장하는 것이다. 하지만 이런 측면은 너무 과장되거나 확장된 면이 없지 않다. 이렇게까지 확장하고 과장하면 부정적인 측면도 성공에 충분히 도움이 된다고 확장시켜 설명하지 못할 이유도 없다.

필자가 말하고 싶은 것은 망상체는 기억과 관련해서만 언급하는 것이 가장 정확한 설명이라는 것이다. 이 그물망은 뇌의 정중앙에 있어서 모든 감각과 정보의 입구 역할을 한다. 모든 정보와 감각은 이 그물망에서 한 번 걸러지고 난 다음 뇌의 적절한 곳으로 보내진다.

이 그물망은 평소에 자신이 가지고 있었던 신념, 정보 그리고 자신의 목표, 동기, 소망 등과 가장 친밀하게 연관되어 있는 것들을 기준으로 해서 관련이 있는 것들을 장기 기억으로 저장할 수 있게 내뇌피질로 정보와 감각 등을 보내준다.

해마가 전기적 신호 차원에서 30초 동안 기억하는 단기 기억과 달리 장기 기억은 평생 기억할 뿐만 아니라 단백질 차원에서 물리적으로 패턴과 뇌 회로가 새롭게 생성되는 기억이다.

인간의 기억 체계는 이중 기억 체계다. 1단계 기억 체계인 단기 기억과 2단계 기억 체계인 장기 기억은 차원이 다르다. 액체와 기체가 다른 것처럼 하나는 전기 화학적 차원이고, 다른 하나는 단백질 차원이다. 1단계 기억 체계를 소프트웨어라고 한다면, 2단계 기억 체계는하드웨어적인 기억 방식이라고 할 수 있다.

그런데 우리 뇌는 망상체의 기능이 아니더라도 단기 기억할 것과 장기 기억할 것을 정확하게 나눈다. 장기 기억할 수 있게 해주는 조건과 환경이 별도로 존재한다. 많은 뇌과학자들이 장기 기억할 수 있는 조건을 자주 말한다. 뇌과학자나 기억 전문가 들이 주장하는 것이 조금씩 다르기 때문에 많은 이들의 주장을 조합해 새로운 정보를 장기 기억으로 저장하는 방법을 다음과 같이 네 가지로 정리했다.

첫째, 뇌는 반복되는 정보를 장기 기억으로 저장한다. 완벽하게 천천히 한 번보다는 여러 번 자주 읽는 것이 뇌과학적으로 효율적이다. 뇌는 언제나 정보를 취사선택해야 하는 입장이기 때문이다.

둘째, 뇌는 감정이 담긴 정보를 장기 기억으로 저장한다. 독서를 너무 기계적으로, 무미건조하게 해서는 안 되는 이유다.

셋째, 뇌는 자신이 알고 있는 지식과 정보와 관련된 것들, 자신의 목표, 자신의 종교와 신념, 자신의 인생 등 자기 자신과 직접적으로 관계되고 연결되는 정보, 밀접한 관련이 있는 정보를 장기 기억으로 저장한다.

넷째, 뇌는 자신의 취미와 취향, 선호하는 것, 좋아하는 것처럼 자신이 좋아하는 것, 관심이 있는 것을 장기 기억으로 저장한다.

장기 기억을 하고 싶다면 독서를 무미건조하게 기계적으로 하거나, 지식 습득만을 추구하면 안 된다. 자신의 삶과 취미와 직업과 관련된 것을 큰 관심과 호기심을 갖고 읽으면 기억이 잘 된다. 자신의 삶과 늘 연결시켜서 자신의 삶에 적용하기 위해 읽고 이해해야 하는 이유가 바로 이것이다.

망상 활성화 체계 이용하기

인간의 뇌는 1000억 개의 뉴런을 가지고 있으며, 1초에 약 1만 조(1경) 번의 연산을 수행할 수 있는 능력을 가지고 있다. 눈이나 손과 같은 감각 기관들은 단순히 자료를 뇌에 운반시켜주는 역할을 한다. 그 자료를 인식하고 추론하고 종합하고 판단해서 듣고 보고 생각하는 것은 뇌다.

망상 활성화 체계는 의식과 정보, 지식의 종합체인 마음의 관문을 지키며 엄청나게 많이 들어오는 외부 정보들을 분류하고 평가하며, 우리가 가지고 있었던 정보, 소신, 꿈, 철학, 의식, 지식 등과 가장 긴밀하게 직접적으로 연관된 정보들을 우선적으로 탐색한다.

이 모든 정보들 중에서 우리의 생존이나 삶, 미래와 긴밀하게 연관된 것이 있으면 비상을 걸고 경고음을 울리기 위해서 의식적으로 뇌에 강렬한 신호를 보낸다. 아무리 많은 정보와 지식이 우리 뇌에 들어와도 우리가 기억하고 오랫동안 머릿속에 남는 정보와 지식은 그렇게 많지 않은 이유가 여기에 있다.

더 놀라운 사실은 의식적인 처리와 효과를 뛰어넘는 무의식적인 프로세스가 우리 내면과 뇌 기능에 포함되어 있다는 것이다. 무의식적인 측면을 파고들면 끝도 없이 방대하다고 할 수 있다. 뇌의 숨겨진 강력한 힘은 무의식적인 뇌에 있기 때문이다.

인간이 의식적으로 지각하고 수용하고 작업할 수 있는 뇌의 용량보다 무의식적으로 작업할 수 있는 용량이 훨씬 많다. 뿐만 아니라 정보 처리 속도와 처리 범위에도 엄청난 차이가 있다고 한다. 이런 어마어마한 무의식적인 뇌의 효과를 우리가 쉽게 경험할 수 있을까?

우리는 알게 모르게 자주 경험한다. 수많은 사람들의 잡음과 소음으로 시끄러운 광장에서 자녀의 목소리가 또렷이 들리는 이유는 무의식적인 뇌가 자기 아이의 목소리만 걸러서 듣기 때문이다. 아이의 목소리는 망상체에 입력되어 있다. 그래서 우리는 의식하지 못하지만 많은 소리들 중에서 유독 자녀의 목소리만 걸러서 들을 수 있는 능력이 있는 것이다.

망상체를 잘 활용하는 방법이 있다. 우리의 꿈이나 목표, 소신이나 철학을 늘 생각하거나 매일 노트에 기록하면 망상 활성화 체계에 강하게 입력된다. 우리가 하루 종일 생각하는 바로 그런 존재가 되는 이유도 망상체가 우리가 관심 있어 하는 우리의 꿈이나 목표와 관련된 것만 걸러내서 입력하고 나머지는 무의미한 것으로 판단해서 사장시키기 때문이다.

이 체계에 입력이 강하게 되면 그 후부터는 우리가 의식하지 않아도 외부에서 들어오는 모든 정보와 지식을 탐색해서 강하게 입력된 그 목표나 소신, 꿈을 이룰 수 있는 방법이나 길을 찾는 데만 몰두하게 된다. 그 외에 다른 것에는 관심을 크게 가지지 않게 된다. 그 결과 그 꿈이나 목표는 실현 가능성이 높아질 뿐만 아니라 실제로 우리의 뇌 체계는 그것을 실현해나가게 된다.

뇌는 우리가 잠을 자거나 휴식을 취할 때도 쉬지 않고 일한다. 뇌파는 한 순간도 멈추지 않고 작동한다. 지식과 정보의 분류 및 저장은 오히려 우리가 잠을 자고 있을 때 뇌가 실행한다는 측면만 봐도 그렇다.

뇌에 대해 이 정도의 지식만 가지고 있어도 이것을 잘 활용할 수 있다. 모든 지식과 정보 중에서 우리가 원하는 지식과 정보만을 찾아내고 저장하고 분류하는 놀라운 능력은 우리에게 축복이면서 저주가 될 수 있다.

양날의 검이기 때문이다.

그렇다면 망상체의 놀라운 능력을 축복으로 활용하는 가장 쉽고 좋은 방법은 무엇일까?

첫째, 엄청나게 크고 높은 목표를 명확하게 설정하고 그것을 매일 기억하고 생각하고 기록한다.

둘째, 부정적인 것, 걱정하는 것, 염려하는 것을 절대 생각하지 않는다.

셋째, "힘들다", "어렵다", "죽겠다", "싫다", "최악이다"라는 말들을 하지 않는다.

넷째, 절대적으로 긍정하고 희망하고 최고의 순간, 최고의 목표를 달성한 순간, 가슴 뛰는 삶, 가슴 뛰는 어마어마한 성공의 순간만을 생각하고 말하고 기대한다.

망상체의 입장에서 걱정한다는 것은 바로 자기 자신을 향한 저주와 다름없다. 그렇기 때문에 걱정하는 것이 얼마나 백해무익한 것인지를 바로 알아야 한다.

당신의 앞날에 도움이 되지 않는 것, 불행한 일들, 가슴 아팠던 일, 누군가에 대한 원망이나 분노 같은 일에 초점을 맞추면 이상하게도 이런 일이 되풀이된다. 그 이유가 바로 망상체 때문이다. 그렇기 때문에 우리는 좋은 것, 최고의 것, 엄청난 목표와 눈부신 미래에 초점을 맞추어야 한다.

좋은 것에 초점을 맞추는 순간 우리의 뇌 체계는 그것에 가까워지고 실현시키는 모든 지식과 정보, 방법과 노하우에 집중하기 때문이다. 의식은 물론 무의식적으로도 말이다. 기억하자. 걱정하는 순간 그 걱정하는 일이 일어나게 해달라고 기도하는 것과 다름없다.

8장

독서력이 도약하는 획기적인 독서법

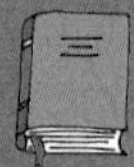

"한 인간의 존재를 결정짓는 것은

그가 읽은 책과 그가 쓴 글이다."

_ 표도르 도스토옙스키

글자 읽기에 대한 이해

우리가 항상 읽는 글자의 속성에 대해서 몇 가지 살펴보자. 먼저 글자들의 가장 큰 포인트는 위쪽일까? 아래쪽일까? 우리 눈은 어떤 부분을 더 잘 인식할까?

다음의 그림을 비교해보자.

인간의 눈에 들어오는 시각 정보는 크게 두 가지로 나눌 수 있다. 텍스트가 아닌 세상의 모든 시각 정보와 텍스트인 시각 정보다. 전자는 모양만을 가지고 있지만, 후자는 엄청난 의미를 가지고 있다. 뿐만 아니라 텍스트는 우리가 수천만 번도 더 보았던 익숙한 의미을 품고 있는 기호이다.

〈글자의 윗부분을 가렸을 때〉

인간의 눈에 들어오는 시각 정보는 크게 두 가지로 나눌 수 있다. 텍스트가 아닌 세상의 모든 시각 정보와 텍스트인 시각 정보다. 전자는 모양만을 가지고 있지만, 후자는 엄청난 의미를 가지고 있다. 뿐만 아니라 텍스트는 우리가 수천만 번도 더 보았던 익숙한 의미를 품고 있는 기호이다.

〈글자의 아랫부분을 가렸을 때〉

한 글자 한 글자를 읽을 때도 윗부분과 아랫부분의 중요도는 다르다. 그리고 책을 읽을 때 한 글자 한 글자를 정확히 모두 읽는 것은 비효율적이다. 왜일까?

그것은 모든 글자를 하나하나 인식하는 것이 아니라 단어 하나를 전체로 인식하는 것에 익숙하기 때문이다. 이 문장을 읽어보면 이 사실을 잘 이해할 수 있게 된다.

"캠릿브지 대학의 연결구과에 따르면, 한 단어 안에서 글자가 어떤 순서로 배되열어 있는가 하것는은 중하요지않고, 첫째번와 마지막 글자가 올바른 위치에 있것는이 중하요다고 한다. 나머지 글들자은 완전히 엉진창망의 순서로 되어 있지을라도 당신은 아무 문없제이 이것을 읽을 수 있다. 왜냐하면 인간의 두뇌는 모든 글자를 하나하나 읽것는이 아니라 단어 하나를 전체로 인하식기 때이문다."

글자의 이러한 성질을 잘 이해해야 독서를 잘할 수 있게 된다. 아니 효율적인 독서가 가능하다. 이런 글자의 성질보다 더 중요하게 이해해야 하는 것은 인간의 뇌 기능과 프로세스다. 그것도 글자 읽기와 관련해서 말이다.

인간의 눈에 들어오는 시각 정보는 크게 두 가지로 나눌 수 있다. 글자가 아닌 세상의 모든 시각 정보와 글자인 시각 정보다. 전자는 모양만을 가지고 있지만, 후자는 엄청난 의미를 가지고 있다. 뿐만 아니라 글자는 우리가 수천만 번도 더 보았던 익숙한 의미를 품고 있는 기호이다.

그렇게 오랫동안 보아온 익숙한 기호인 글자를 읽기 위해 우리는 과잉 지각을 하는 경향이 있다. 정확히 확실하게 보지 않아도 '가'

라는 글자가 '가' 자라는 것을 알 수 있다.

"비행기가 제주 공항에서 아침 일찍 이륙했다"라는 글자를 읽기 위해서는 아주 기본적인 30퍼센트 정도의 지각만으로도 충분하다. 하지만 처음 보는 제주도의 바다를 보기 위해서는 아주 많은 지각 에너지와 주의 집중이 필요하다.

심지어 어떤 미술작품을 감상할 때, 풍경을 볼 때, 운전을 할 때 주의를 기울이는 지각만큼 글자를 읽을 때도 무심코 에너지를 과잉해서 사용한다. 정작 글자를 읽을 때 필요한 에너지는 뇌의 인지 기능을 움직일 때 사용하는 에너지인데 말이다.

책을 읽을 때는 눈의 지각 기능만 있는 것이 아니라 글자라는 기호에 담긴 의미를 추론하고 이해하고 인식하는 기능이 추가된다. 때문에 에너지를 지각 작용에만 집중해서 과잉 지각을 하게 되면, 독서 속도도 떨어지고 이해력도 낮아진다. 그래서 많은 초보 독서가들이 독서가 힘들고 어렵다고 하는 것이다.

눈의 지각에는 아주 최소한의 에너지만 사용하고, 나머지 에너지를 뇌의 이해와 사고 기능에 집중할수록 더 많은 글자를 더 쉽게 읽고 이해할 수 있고, 많은 책을 더 적은 에너지로 더 효율적으로 읽을 수 있게 된다.

독서의 질이 달라지는 비주얼 리딩법

《천재가 된 제롬》(황금가지)의 저자 에란 카츠는 다음과 같이 말했다.

> "무슨 일이든 결국에는 적응하게 되죠. 그런데 그 점이 우리의 개성과 지성을 발전시키는 데 장애물이 된다는 겁니다. (…) 누구나 편안하다고 느끼는 순간 두뇌는 활동을 멈추게 됩니다. 단순해지는 거죠."

지금까지 우리가 독서를 잘하지 못한 이유는 편안하다고 느끼는 과거의 방법만을 고집하면서 익숙하고 편하게만 책을 읽었기 때문이다. 이러한 생각에서 비롯된 독서의 노하우 중 하나는 편안하고 익숙한 읽기 방법인 '글자를 읽는 방법' 대신에 불편하고 어색한 방법인 '책을 보는 방법'으로 읽으라는 것이다.

이러한 방법을 필자는 독서讀書라고 하지 않고 간서看書라고 하기로 했다. '책에 미친 바보'인 이덕무 선생은 자신의 서재 이름을 '구서재九書齋'라고 하고 책에서 아홉 가지의 구서를 체득하겠다고 말했는데 그 중에 하나로 간서를 언급했다. 이 책에서는 새로운 스타일의 독서법의 하나로 책을 읽지 말고, 보는 독서법을 지칭하는 말로 '간서'라고 명명하고자 한다.

이것을 영어로 표현하면 좀 더 이해하기가 쉽다. 비주얼 리딩법Visual Reading이라는 단어만 봐도 이해가 가능하다. 비주얼이란 '눈으로 보는 것을 기억하는'이란 의미의 영어 단어이다. 눈으로 하나하나 읽어가는 독서가 아니라 눈으로 전체적인 것을 보는 독서법이기 때문에 이렇게 명명하는 것이 적합할 것 같다.

비주얼 리딩이란 이미 독일과 전 유럽에서 학습 돌풍을 일으킨 바 있는 '그뤼닝Gruning 학습법' 혹은 '그뤼닝 독서법'의 핵심 리딩법이다. 《책 먹는 독서》(이순)의 저자인 크리스티안 그뤼닝은 자신이 틈새 시간을 이용하여 사법 시험을 준비하면서 터득한 '시각을 활용한 독서법'에 대해 책에서 자세히 소개하고 있다.

그가 사용한 독서법인 비주얼 리딩을 우리가 최대한 이용하고 활용한다면 단기간에 1000권의 책을 충분히 독파해낼 수 있을 것이라고 생각한다. 이러한 비주얼 리딩과 본질적으로 비슷한 독서법이 바로 '포토 리딩photo reading'이다.

《포토 리딩》(럭스미디어)의 저자인 폴 쉴리는 지금보다 책을 열 배 빨리 읽는 독서 기술인 포토 리딩법에 대해 자신의 저서에서 설명하고 있는데, 포토 리딩은 전 세계 30만 명 이상이 이미 사용하고 있으며 AT&T, IBM, 애플, 3M 등 세계적인 기업들이 사원 연수를 통해 교육시키고 있는 정보 수집과 활용에 관한 한 최강의 비즈니스 툴로 각광을 받은 바 있다.

100퍼센트를 기억하는 독서 vs 1퍼센트를 창조하는 독서

퀀텀 독서법 수업인 '독서 혁명 프로젝트'를 5년 동안 하면서 이런 말을 너무나 자주 들었다. "작가님, 저는 책을 읽을 수는 있지만 읽고 나면 머릿속에 남는 것이 하나도 없습니다. 어떻게 해야 할까요? 기억을 잘하는 방법이 있다면 좀 알려주십시오."

독서를 잘한다는 것은 어떤 것일까? 읽으면 읽은 대로 모든 것을 기억하는 것이 독서를 잘하는 것일까? 유감스럽게도 읽은 것을 모두 기억하는 사람은 많지 않다. 물론 존재하지만 말이다. 다행히도 읽은 것을 모두 기억한다고 해서 독서를 잘하는 사람은 아니다.

아무리 정독을 한다고 해도 하루나 이틀 후에 그 책의 15페이지에 있었던 내용을 말해보라고 하면 거의 대부분 말할 수 없다. 그 책의 중요한 내용을 순서대로 10단계로 나누어 말해보라고 해도 제대로 답변할 수 있는 사람은 많지 않다.

하지만 그 책을 읽음으로써 읽기 전에는 깨닫지 못했던 1퍼센트를 새롭게 깨닫게 되었다면 어떨까? 독서의 기술은 바로 이런 것이다.

독서의 진정한 가치는 책의 내용을 전부 기억하는 것이 아니라 자신과 세상을 다르게 볼 수 있게 해주는 1퍼센트를 스스로 창조하는 데 있다. 편협했던 사고가 확장되고, 근시안적인 시야가 트이고, 부족했던 통찰력이 뛰어나게 되는 데 있다.

독서의 기술은 다양하고 많은 책을 가장 효율적으로 단시간에 깊게 만나도록 해주는 것이다. 양을 절대 무시할 수 없다. 큰 세상을 만날수록 큰 것을 배울 수 있다. 책도 마찬가지다. 독서의 진정한 가치가 책 내용의 기억이 아니라 새로운 지식과 의식의 창조라면, 독서의 기술에 대한 방향이나 목표도 달라져야 한다.

많은 수강생들이 원하는 것은 한 번을 읽어도 다 이해하고, 다 기억하는 것이다. 하지만 이런 분들에게 조언하는 것은 이와 정반대의 경우다. 한 번 읽고서 100퍼센트 이해하고 100퍼센트 기억하려고 하는 것은 지나친 욕심이라고 말이다.

책을 한 번만 읽고 모든 것을 이해하고 기억할 수 있는 사람은 천재 중에 천재라고 할 수 있다. 1000만 명 중에 한 명 있을까 말까 할 것이다. 이런 천재를 제외한 평범한 사람들은 이렇게 할 수 없고 이렇게 할 필요도 없다.

책은 여러 번 자주 읽는 것이다. 그렇게 해야만 제대로 깊게 이해할 수 있고 오래 기억에 남는다. 왜 그렇게 빨리 한 번으로 끝내려고 하는가? 그것은 욕심이다. 100퍼센트를 기억하는 독서보다 좋은 것이 1퍼센트를 창조하는 독서다.

프랑스인이 100년 동안 즐겨 읽은 독서법 고전 《단단한 독서》(유유)의 저자이자 19세기를 대표하는 프랑스 인문학자 에밀 파게는 독서법의 요체로 느리게 읽기와 거듭 읽기를 주장한다. 느리게 읽기는 제일의 독서 원리고 모든 독서에 보편적으로 적용된다고 그는 주장한다. 느리게 읽으면 읽어야 할 책과 그렇지 않은 책을 단번에 구별할 수 있다고 한다.

하지만 필자는 다르게 생각한다. 독서법의 요체는 느리게 읽기가 아니라 빠르게 읽기다. 그렇지만 기존의 속독을 이야기하는 것은 아니다. 기존의 속독법은 지나치게 빠르다. 뇌가 충분히 이해할 속도를 넘어서기 때문이다.

적당히 빠른 속도는 어느 정도일까? 한 시간에 한 권, 초보자들에게는 한두 시간에 한 권이 가장 적합한 속도다. 이 정도 속도에서만 많은 책을 섭렵할 수 있기 때문이다.

한국인들에게 가장 큰 문제는 도서관에 있는 유익한 내용의 많은 책을 모두 접하지 못하고 너무나 적은 양의 독서를 한다는 것이다. 100권을 읽은 사람과 1000권을 읽은 사람은 사고하는 것이 다른데 사고의 폭과 넓이에 격차가 생긴다. 독서를 절대 무시해서는 안 된다.

죽고 살기로 독서하는 사람을 두려워해야 하는 까닭은 많은 양의 독서가 사람의 성질과 의식과 생각을 완전히 바꾸어 전혀 다른 사람으로 성장하게 만들기 때문이다. 강아지와 같은 사람을 사자와 같은 사람으로 고양이와 같은 사람을 호랑이와 같은 사람으로 바꿀 수 있는 가장 좋은 방법은 다독이다. 한두 권의 책을 읽었다고 인생이 극적으로 바뀌지 않는다. 하지만 수천 권의 책을 읽으면 인생이 눈부시게 바뀔 수 있다. 우리 삶의 기초를 다지는 근본적인 읽기의 기술은 바로 빠르게 여러 번 읽기이다.

폴 쉴리의 포토 리딩

지금보다 책을 열 배나 빨리 읽게 해주는 독서법인 포토 리딩은 정보 처리 속도를 비약적으로 향상시켜준다. 포토 리딩의 핵심은 1~2초에 한 페이지씩 '사진을 찍듯이' 책을 읽는 것이다.

포토 리딩은 텍스트를 글자나 단어 단위, 혹은 줄 단위가 아니라 페이지 단위로 한 페이지 전체를 풍경처럼 보는 방법이다. 눈이 사진기가 되어 1초 전후로 한 페이지를 전체적으로 찍고 다음 페이지로 넘어가는 행위를 반복하는 독서 기술이다.

과연 이것이 가능할까? 의아해하고 의심하는 이들도 적지 않다. 하지만 이것이 가능하다는 이들도 존재한다. 포토 리딩은 가속 학습법, NLP(신경언어프로그래밍)의 전문가인 폴 쉴리가 20~30년 전에 만든 독서법이다.

포토 리딩은 인간의 잠재의식을 이용하는데, 시각적인 정보를 처리하는 잠재의식의 능력을 이용한 최초의 독서법이다. 지금까지 어떤 독서법도 인간의 잠재의식을 이용해서 독서를 하도록 만들지 못했다. 그런 점에서 포토 리딩은 매우 충격적이었다.

필자가 8년 전《포토 리딩》을 처음 읽었을 때 굉장히 감탄했던 부분도 바로 이것이다. 포토 리딩은 책을 읽는 데에만 사용할 수 있는 것이 아니고 일상생활 전부에 적용할 수 있다고 한다. 하지만 필자의 개인적인 소감은 이렇다.

책에서는 구체적인 훈련법이나 자세한 방법은 제시되어 있지 않고 그냥 포토 리딩을 하라고 한다. 포토 리딩 홀 마인드 시스템에서 가장 중요한 부분은 포토 리딩 부분인데 이 기술을 일반인들은 절대로 구사할 수 없다는 점이 가장 큰 맹점이다. 최소한 포토 리딩을 할 수 있게 만들어주는 기술이나 훈련법이 한두 가지는 소개되었어야만 했다.

포토 리딩 자체가 놀라운 독서법이라는 사실은 인정하지만, 누구나 쉽게 배울 수 없는 데다가 한국에서 배울 방법은 전혀 없다. 지금 미국에 포토 리딩 수업이 있는지도 불투명한 상태라 이 독서법에 대한 매력은 더 삭감된다. 그런 점에서 볼 때 가장 최근에 출간되어 열풍을 불고 있는 '퀀텀 리딩'은 한국인에게 매우 유리하고 매력적이다.

전 세계에서 유일하게 한국에 수업이 개설됐기 때문이다. 퀀텀 독서법의 창안자가 아니라 독서법 전문가로서 객관적으로 얘기하자면, 포토 리딩을 배울 바에는 퀀텀 리딩을 배우는 것이 훨씬 더 낫다. 퀀텀 리딩을 배우면 포토 리딩이 저절로 되기 때문이다.

김병완의
퀀텀 리딩

퀀텀 독서법은 눈이 아닌 뇌로 책을 읽는 기술이다. 뇌의 기능을 강화하는 다양한 훈련과 스킬을 개발하고 그것을 담은 것이 퀀텀 독서법이다.

퀀텀 독서법은 지금까지의 독서법과 전혀 다르다. 물리학 용어인 '퀀텀 점프'에서 착안한 퀀텀 독서법은 말 그대로 특별한 독서 훈련과 기술 혹은 에너지를 통해 사람의 독서력이 비약적으로 도약하게 해주는 독서의 기술이다.

퀀텀 독서법의 모든 것이 담겨 있는《1시간에 1권 퀀텀 독서법》의 주제인 '퀀텀 리딩'은 눈이 아닌 뇌로 책을 읽게 도와주는 독서 기술이다. 앞서 여러 번 말했듯 인간의 눈은 독서에 적합한 장기가 아니다.

그래서 눈이 아닌 뇌로 독서를 하는 새로운 방법이 필요하다. 퀀텀 독서법에서 알려주는 기술을 훈련하면 뇌로 독서를 할 수 있게 된다.

왜 당신은 독서 고수들의 놀라운 독서의 기술을 배우려 하지 않고, 자신의 한 없이 부족한 독서력에 만족하며 안주하고 있는가? 여러 줄을 통째로 읽으면서 독서를 하는 독서의 대가들이 적지 않다.

율곡 이이와 우계* 성혼이 대표적인 인물이다. 이원명의《동야휘

집》에는 우계 성혼은 책을 읽을 때 한 번에 여덟 줄을 읽을 수 있고, 율곡 이이는 한꺼번에 여남은 줄을 읽을 수 있다는 사실이 기록되어 있다. 퀀텀 독서법 수업에 참여하는 일반인들 중에서 단 3주 만에 한눈에 한 페이지를 읽는 '원 페이지 리딩'을 하는 사람이 나오기도 하고, 한 번에 서너 줄 혹은 다섯 줄을 읽을 수 있게 된 사람이 적지 않게 탄생하기도 한다.

퀀텀 독서법은 무의식적으로 사물을 보는 우리 눈의 숨겨진 기능을 적극 활용하는 독서의 기술이다. 우리 눈에는 두 종류의 시세포가 있다. 망막의 중심부에 많은 원추세포와 상대적으로 주변부에 많은 간상세포가 그것이다. 독서 천재들은 한 번에 여러 줄을 보기 위해 원추세포가 아닌 간상세포를 적극적으로 활용한다고 추측할 수 있다.

퀀텀 독서법은 '브레인 하이퍼스페이스 리딩brain hyperspace reading'이라고 할 수 있다. 순간적으로 뇌를 초공간 상태로 만들어 한 번에 여러 줄을 읽을 수 있게 도와주어 기존의 한 글자씩 읽는 한 글자 독서, 순차적인 독서에서 벗어나 여러 줄 독서, 통합적인 독서를 할 수 있게 도와준다.

우리는 보이는 것을 읽는 게 아니다. 보인다고 생각하고 이해하는 것을 읽는 것이다. 눈이 아닌 뇌의 인식이 먼저인 이유가 이것이다. 눈에 기반을 두면 순차적 · 평면적 · 표면적으로 이해하지만, 뇌에 기반을 두면 입체적 · 동시적 · 내면적으로 이해할 수 있다.

퀀텀 리딩을 마스터하기 위해 중점을 두어야 할 것으로는 우뇌 단련이 있다. 그래서 첫 번째 스킬 훈련이 우뇌 자극 훈련이다. 이 훈련은 많이 하는 것이 좋은데 우뇌가 단련되어야 주변 시야를 통제하고 확장시킬 수 있다. 주변 시야를 보는 훈련이 안 되어 있는 일반인들은 대부분 불가능하지만 우뇌 훈련을 통해 주변 시야를 볼 수 있게 되면 여러 줄을 한 번에 읽고 이해하는 단계까지 쉽게 올라갈 수 있다.

두 번째로 중점을 두어야 하는 것은 시공간 자극이다. 일본에 독서 천재가 많은 이유는 일본 책들이 모두 세로 쓰기로 출간되기 때문이다. 가로 읽기와 세로 읽기에 큰 차이가 없다고 생각할 수 있지만, 독서 속도와 이해력 측면에서 우리 뇌에게 큰 차이를 만들어 준다는 것을 아는 사람은 많지 않다. 그래서 45도 정도 책을 기울인 상태로 읽으면 이전과 다른 독서 속도와 집중력을 얻을 수 있다.

가장 중요한 퀀텀 독서법의 기술은 '인버트invert 리딩 스킬'이다. 우리 뇌는 기어를 가지고 있는 수동 자동차와 같다. 일반인들은 평생 1단 기어 상태에서 살고 책을 읽는다. 하지만 우리 뇌를 5단 기어로 올리면 독서의 차원이 달라진다.

일반 수동 기어 자동차를 생각해보면 쉽게 이해가 갈 것이다. 1단 기어 상태에서 아무리 액셀을 밟아도 자동차는 시원하게 나가지 않는다. 연료만 많이 먹고 차는 천천히 답답하게 나갈 것이다. 하지만 기어를 5단으로 올리면 자동차의 주행은 차원이 달라진다. 정말 빨리 달린다.

우리 인간의 뇌도 이와 다르지 않다. 문제는 기어를 1단에서 5단으로 어떻게 올리느냐다. 퀀텀 독서법의 인버트 리딩 스킬은 5분 만에 1단 수동 기어를 5단으로 올리는 것과 같은 역할을 한다.

인버트 리딩 스킬을 간단하게 살펴보자.

첫 번째, 책을 거꾸로 든다.

두 번째, 오른쪽 아래부터 여러 줄씩 통으로 읽으려고 해야 한다.

세 번째, 이것을 한 번에 이해하려고 해야 한다. 물론 이해도 안 되고 읽히지도 않을 것이다.

네 번째, 여기에 속도도 엄청나게 빠르게 읽어야 한다.

다섯 번째, 이 훈련을 하면서 힘이 하나도 들지 않고, 대충대충 한다면 절대로 훈련 효과가 없다는 사실을 명심하라. 5분 동안 훈련할 때 머리에 쥐가 날 정도로 탈진할 정도로 모든 에너지를 다 쏟아부어야 한다. 자신의 능력을 뛰어넘어야 하기 때문이다.

여섯 번째, 그렇게 5분 동안 정말 머리가 부들부들 떨릴 정도로 훈련을 하고 나서 멈추지 않고 책을 똑바로 들고 읽기를 이어서 한다. 이때 책의 내용이 순식간에 눈에 들어오고 이해력이 엄청나게 좋아지며 책 읽는 속도 또한 5단 기어를 올린 것처럼 엄청나게 빨라질 것이다.

독서 엔진을 1기통에서 순식간에 6기통 혹은 12기통으로 바꾸어 자신의 독서 능력을 뛰어넘어(퀀텀 점프) 독서하게 만드는 기술이 바로 퀀텀 독서법이다.

포토 리딩과 퀀텀 리딩은 무의식 독서

독서를 잘하기 위해 무의식을 연구해야 할까? 필자의 대답은 그렇다이다. 반드시 연구해야 한다. 연구하며 인간의 무의식에 대해서 알면 알수록 우리는 독서를 더 효과적으로 아니 마법에 가깝게 잘할 수 있게 된다는 것이 필자의 지론이다.

그렇다면 무의식적으로 책이나 글자를 읽을 수 있을까? 역하자극에 대한 실험이 있다. 1975년에 미국의 한 극장에서 필름 사이사이에 " 콜라를 마시세요", "팝콘을 먹으세요"라는 글자를 적은 후 영화를 상영한 결과 영화가 끝난 후에 평소와 다르게 많은 사람들이 매점에서 콜라와 팝콘을 주문했다는 것이다.

관객들은 의식적으로 이 글자들을 읽을 수 없다. 너무 빨리 지나가기 때문이다. 하지만 놀랍게도 관객들은 이 글자에 반응을 했다. 그 이유는 무엇일까? 의식이 아닌 무의식이 글자를 읽고 이해하고 반응했다고 밖에는 설명할 길이 없다.

무의식과 관련해서 더 놀라운 논문이 2008년 〈네이처 뉴로사이언스〉에 실렸다. 이 논문에 따르면 우리가 자유의지에 따라서 무엇인가를 결정하는 것이 아니라, 무의식이라는 존재가 6초 전쯤에 결정하고, 그 결정에 그대로 따르는 의식적인 결정을 한다는 것이다. 무의식을 활용한 독서법이 과연 존재할까? 앞서 살펴본 포토 리딩과 퀀텀 리딩이 그것이다.

포토 리딩은 잠재의식을 통해 정보를 처리하는 무의식을 활용하는 독서법이다. 미국에서 선풍적인 인기를 끈 독서법으로 30만 명 이상이 경험하고 배웠다고 한다. 하지만 한국에서는 포토 리딩이 크게 유행하지 못했다. 포토 리딩은 배우기 너무 어려운 독서법이기 때문이다.

퀀텀 리딩은 우뇌 독서를 활성화시킨 전뇌 독서법이라고 할 수 있다. 그리고 누구나 쉽게 배울 수 있는 무의식 독서법이라는 점에서 유일무이하다.

무의식 독서를 하면, 자신도 모르게 책을 더 잘 읽게 되고, 뇌로 독서를 한다는 것을 조금은 느낄 수 있게 된다. 3주 동안 퀀텀 독서법 훈련을 받은 수강생들은 처음에는 눈으로 읽지 않고 뇌로 읽는다는 것이 무엇인지 감을 잡을 수 없지만, 이제는 뇌로 독서를 한다는 것이 무엇인지를 알게 되었다고 이구동성으로 말한다.

포토 리딩을 뛰어넘는 퀀텀 리딩

세상에 존재하는 독서법은 많다. 하지만 실제로 3000명 이상이 배우고 성과를 본 독서법은 흔하지 않다. 퀀텀 리딩과 포토 리딩이 그런 흔하지 않는 독서법이다. 하지만 퀀텀 리딩은 포토 리딩을 훨씬 뛰어넘는 독서법이다.

포토 리딩과 퀀텀 리딩의 차이점을 알아보자.

첫 번째로 포토 리딩은 미국에서 창안된 것으로 한국에서 창안된 퀀텀 리딩에 비해 여러 모로 접근이 어렵다. 퀀텀 리딩은 창안자에게 직접 배울 수 있지만, 포토 리딩은 창안자로부터 직접 배우는 것이 불가능할지도 모른다.

두 번째 차이점으로 퀀텀 리딩은 2008년 이후 엄청나게 발전한 최신 뇌과학을 토대로 만들어진 뇌과학 독서법이라는 점이다. 최근에 발견 · 연구된 뇌과학의 성과를 토대로 뇌 기능을 강화시키는 브레인 피트니스 강화 훈련이고 기술이기에 퀀텀 독서법은 포토 리딩이 창안되었던 30년 전에는 도저히 창안될 수 없는 독서법이다. 포토 리딩을 아무리 읽어봐도 뇌과학에 대한 언급은 거의 없으며 뇌과학이라는 단어도 찾아보기 힘들다. 반면 퀀텀 리딩은 처음부터 끝까지 뇌과학으로 시작해서 뇌과학으로 끝난다고 해도 과언이 아닐 정도로 뇌과학과 밀접한 관련이 있는 독서법이다.

세 번째로 퀀텀 독서법의 훈련 기간이 다른 독서법에 비해 훨씬 짧다는 것이다. 2~3주면 가시적인 훈련 성과를 볼 수 있다.

포토 리딩은 30년 전에 창안된 독서법이지만 퀀텀 리딩은 최근에 창안된 독서법이고 8년 동안 독서법 노하우와 독서 기술을 개발·향상시켜 탄생한 독서법이다. 최근 뇌과학이 눈부시게 발전하지 않았다면 절대로 세상에 존재할 수 없었던 독서법이라는 점이 포토 리딩과의 가장 큰 차이라고 할 수 있다.

만 권 독서가 가능한 간서 독서법

이 세상에 이미 존재하는 '비주얼 리딩'과 '포토 리딩' 등을 토대로, 좀 더 확장된 필자 개인의 독서법을 가미시켜, 독자들이 쉽게 할 수 있는 간서 독서법을 소개하고자 한다. 도전하고 싶은 마음가짐과 의지가 준비됐다면 도전해보는 것도 좋겠다.

1. 읽기 전에 후두부에 의식을 집중하라.
2. 책의 전체 모습을 제목과 차례 등으로 예측하여 그려라.
3. 재빨리 지나가는 풍경을 보듯이 페이지를 넘기면서 보아라.
4. 책의 핵심 내용을 최종적으로 그려라.

5. 자신만의 상상의 그림책에 한 장의 그림으로 그리고 요약하라.

읽기 전에 후두부에 의식을 집중하는 것은 책을 보다 빨리 보기 위한 사전 준비 작업이며 필수 작업이다. 이러한 행동을 통해 우리는 집중력 강화와 시야 확장을 할 수 있어 책을 볼 만반의 준비 상태로 자신을 만들 수 있다.

먼저 크리스티안 그뤼닝은 집중력을 강화하는 마인드 컨트롤로 뒤통수에 생각과 의식의 통로가 있기 때문에, 이곳에 의식과 관심을 집중시키면 편안한 각성 상태가 되어, 시야가 넓어지고 의미 단위들을 파악하는 것이 더 쉬워지고, 눈의 움직임도 더 원활해진다고 말한다.

"조지 밀러는 1956년에 이미 《마법의 수 7±2》에서 인간이 정보를 한 번에 7±2 단위밖에 인식하지 못한다고 설명했다. 만약 당신이 누구에게 어제 일에 관해 물었다 치자. 그러면 그는 다섯 개에서 아홉 개의 개별적인 사건들을 열거할 가능성이 매우 크다. 지난달에 관해 물어보더라도 결과는 동일하다. 이러한 한계 때문에 미국의 전화회사는 전화번호를 일곱 자리로 정했다. 최근의 연구조사에 따르면 우리는 집중할 수 있는 이 일곱 단위 중 하나를 일정한 지점에 고정시켜야 나머지 단위도 원래의 활동에 더 효과적으로 맞출 수 있다고 한다. 그러나 이 이상적인 지점이 글을 읽을 때는 어디에 위치하는가의 문제가 남는다.

독서를 할 때 집중력을 극대화하는 이 지점에 관한 지식이 다시 관심을 받고 널리 유포된 것은 돈 데이비스 덕분이다. 효과적인 독서를 하는 데 중요한 부위는 뒤통수, 더 정확히 말해 후두부가 불쑥 올라온 부위에 자리하고 있다. 수많은 연구조사에서 상급자들(독서 고수)은 이 부위에 확고한 집중력 지점을 가지고 있다는 사실이 입증되었다. 반면에 초급자들(독서 초보)은 집중력 지점을 이리저리 옮겨놓으며, 그것을 한 곳에 맞추지 않는다. 그러나 후두부에 대한 인식 역시 인류의 문화사만큼이나 오래된 것이다. 예전에 중국에서 학생들에게 벌을 줄 때 머리에 벙거지 혹은 바보 모자를 씌웠는데 이는 집중력을 후두부로 돌리게 하려는 목적이었다.

당신도 무언가를 골똘히 생각하면서 뒤통수를 긁었던 경험이 있을 것이다. 이 지점에 주의력을 기울이는 순간 당신은 편안한 각성 상태로 옮겨가게 된다. 어떤 면에서 집중과 긴장 완화는 동일하다. 집중의 반대가 무엇인지 곰곰이 생각해보면 이 말뜻을 이해할 수 있을 것이다. 집중이 되지 않는 상태에서는 생각이 불안정하게 이리저리 옮겨 다닌다. 대부분 지난 일을 후회하거나 앞날을 걱정한다. 생각이 현재에 머물고 있는 일은 거의 드물다. 만약 그렇다면 상당히 피곤해질 것이며 활력이 사라질 것이다. 이런 날은 저녁이 되면 그다지 많은 일을 하지 않았는데도 무척 지쳐 있다는 느낌이 들 것이다.

반대로 집중은 자신의 생각을 한 지점에 묶어두는 것을 말한다. 그럴 경우 생각은 막연하게 이리저리 옮겨 다니지 않는다. 이는 활력을 불러오지만 긴장도 완화시켜준다. 어떤 일에 완전히 몰두해서 때때로 주변의 모든 일을 잊어버릴 때, 당신은 그 일에서 활력을 얻는다. 그런 날 저녁에는 많은 일을 했다 하더라도 활력으로 충만하고 원기가 회복되었다는 느낌이 들 것이다. 글을 읽을 때 후두부의 이 지점에 관심을 집중시키면 편안한 각성 상태로 옮겨간다. 즉 시야가 넓어지고 의미단위들을 파악하는 것이 더 쉬워진다. 눈의 움직임도 더 원활해진다. 읽어 들이는 능력이 향상되고 집중력이 높아지면 텍스트에 대한 기억력도 좋아진다."

-《책 먹는 독서》, 145~150쪽

폴 쉴리 역시도 이 부분을 강조한다. 아니 그는 이 부분을 아예 포토 리딩의 핵심 단계 중 첫 번째 단계라고 강조하면서, 이렇게 후두부에 의식을 집중할 때 시야가 열리게 되고, 바로 그때 책 읽기를 시작하라고 말하기까지 한다.

"폴 쉴리는 포토 리딩의 핵심 기법으로 귤 기법을 제안한다. 귤 기법은 마인드 컨트롤을 위한 준비 단계다. 먼저 귤을 양손에 쥐고 있다고 생각한다. 귤의 크기, 무게, 색깔, 냄새를 떠올린다. 오른손에서 왼손으로, 왼손에서 오른손으로 받는다. 이제 오른손으로 귤을 잡는다. 그런 다음 후두부 위쪽에 올려놓는다. 손으로 부드럽게 만져준 다음 손을 내리고 긴장을 푼다.

의식을 집중하기 위해 후두부에서 15~20센티미터 위에 있는 공간에 작은 귤이 있다고 상상해본다. 작은 공이어도 좋고 사과여도 상관없다. 후두부 위의 한 곳에 의식을 집중하는 것이 중요하다. 사람들은 집중하고 있을 때 자연스럽게 후두부 위쪽으로 의식이 옮겨진다. 심령과학에서 후두부 위쪽은 사람의 영혼이 빠져나가는 통로로 알려져 있다. 후두부 위쪽에 의식을 집중하면 시야가 넓어지고 잡념이 줄어들면서 텍스트 이미지가 마치 빨려 들어오는 느낌을 받게 된다."

– 박찬영, 《성공과 행복을 부르는 좋은 습관 50가지》, 리베르, 265쪽

독일과 전 유럽에서 돌풍을 일으킨 독서법 책과 미국을 중심으로 전 세계 기업에서 비즈니스 툴로 각광 받고 있고, 직원 연수 교육을 시키는 독서법 책에서 일치되게 주장하는 것이, 책을 읽을 때 후두부에 의식을 집중하면 시야가 넓어지고 집중 상태인 각성 상태가 되어 잡념이 사라지고 텍스트 이미지가 마치 빨려 들어오는 것처럼 빨리 읽어 들이는 능력이 향상된다는 것이다.

이 사실에 대한 독자 여러분들의 생각은 어떠한가? 필자는 이 사실에 대한 매우 놀라운 경험을 가지고 있다. 이 사실에 대해 알게

된 것은 최근이지만 몇 년 전부터 책을 읽을 때 필자에게 이상한 버릇이 하나 생겼다. 그리고 그러한 버릇이 왜 생겼는지도 모른 채 지금까지 지내왔는데, 그 이상한 버릇이란 책을 읽을 때 자신도 모르게 누군가가 내 머리의 뒤통수를 위에서 잡아서 끌어올리는 듯 머리의 정수를 허리와 일직선으로 꼿꼿이 세우며 뒤통수에 무의식적으로 집중하며 몸을 파르르 떠는 버릇이었다. 왜 이런 버릇이 생겼는지 언제부터 생겼는지 모르겠지만, 이런 버릇의 본질은 결국 뒤통수를 의식하게 되는 버릇이었던 것이다. 이런 행동은 결국 뒤에 보이지 않는 상상의 벽에 뒤통수를 갖다 대고 문지르는 듯한 행위와 같기 때문이다.

필자는 그 동안 자연스럽게 생긴 이 이상한 버릇에 대해 그 이유와 영향을 잘 몰랐지만, 필자의 무의식이 그러한 행동을 하게 해서 뒤통수에 한 번 더 자극을 주는 행동이라고 생각할 수 있게 되었다. 또한 그러한 버릇을 통해 항상 머리 앞이 아닌 머리 뒤에 얼굴 전체와 상반신이 약간 뒤로 젖혀지면서 뒤통수에 모든 혈액이 집중됨을 느낀다.

필자에게는 위의 두 책에서 동일하게 주장하는 후두부 의식 집중 방법이 매우 효과가 있다는 사실에 확신을 가지게 된 계기가 있었다. 주말 저녁 시간에 이 방법을 실제로 활용하여 호메로스의《오딧세이아》에 도전했다. 500쪽이 넘는 두껍고 넓은 사이즈의 책이다. 한 시간여 동안 80퍼센트 정도를 독파하고 전체 내용의 80퍼센트 정도를 이해하게 되었다. 이것이 모두 후두부 의식 집중 방법을 실천했기 때문이라고 생각한다. 필자도 톡톡히 덕을 본 독서 노하우다.

대부분 독서를 할 때 이런 준비 과정 없이 바로 독서를 하게 되지만, 이런 준비 과정을 통해 독서 시간을 대폭적으로 단축시킬 수 있다면 이것은 꼭 활용할 필요가 있다고 생각한다. 지금까지 책을 읽기 전에 뒤통수에 의식을 집중해본 경험이 없는 독자들이라면 반드시 실천해보기 바란다.

이런 준비 단계 후에는 책의 제목과 차례, 그리고 책을 처음부터 끝까지 빠르게 훑어보면서 전체 모습을 그려본다. 이 과정은 책과 처음으로 대면하면서 인사를 나누고 보다 효율적인 독서를 위해 실제로 읽을 책에 대한 준비 과정이라고 할 수 있다.

전체 보기 후에는 재빨리 지나가는 풍경을 보듯이 한 페이지씩 독파해나가는 것만이 남았다. 이때의 관건은 한 페이지를 얼마나 빨리 보면서 내용을 이해하고 넘길 수 있느냐이다. 이것을 빨리 하기 위해 처음에는 손가락이나 볼펜을 이용해도 나쁘지 않다. 문장 위에서부터 아래까지 빨리 볼 수 있게 된 뒤에는 항상 머릿속에서는 그림을 그리며 책의 내용을 사진 찍듯 시각화하려고 하는 노력을 멈추어서는 안 된다.

그렇게 끝까지 읽은 후에는 책의 핵심 내용을 자신만의 상상의 그림책에 한 장의 그림으로 그리고, 요약해서 잔상이 오래 남도록 기억한다.

9장

인생을 바꾼 3년 독서의 법칙

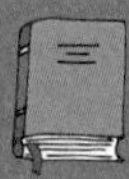

"책은 견실한 세계로 순수하고 이롭다.
그 세계는 살이 되고 피가 되는 튼튼한 덩굴손이 있어
즐거움과 행복이 무성해진다."

_ 다산 정약용

왜 3년이 필요한가?

왜 굳이 3년일까? 이러한 질문에 답하기 전에 '3'이란 숫자에 대해 조금 더 고찰해보고 싶다. 3은 차원이 달라지는 최소의 숫자이다. 가장 적은 변을 가지고 있으면서 다각형이 되는 것이 바로 삼각형이다. 가장 적은 직선으로 다각형을 만들 수 있는 가장 효율적인 수가 3인 것이다. 사각형도 다각형이고 오각형도 다각형이지만 가장 최소의 수로 다각형을 만들 수 있는 최대의 수가 3인 것이다. 여기에는 매우 심오한 뜻이 숨겨져 있다. 바로 차원이 달라진다는 것이다. 선은 아무리 길어도 2차원이다. 하지만 선이 세 개만 있으면 면이 될 수 있고 그로 인해 3차원으로 상승할 수 있다. 2차원의 수준에서 3차원으로 도약할 수 있는 최소의 선이 바로 세 개인 셈이다.

3이라는 숫자는 가장 최소의 단위이지만 가장 큰 효과를 낼 수 있는 최대의 단위이기도 하다. 우리 나라 속담에 "귀머거리 3년, 벙어리 3년"이라는 말이 있다. 왜 3년일까? 그냥 서로 편하게 귀머거리 1년, 벙어리 1년이라고 하면 얼마나 좋을까? 조상님들은 왜 굳이 3년 정도는 되어야 한다고 말하는 것일까? "업은 아이 3년 찾는다"라는 속담에서는 왜 3년이란 것에 상징성을 둔 것일까? 그것은 3년이란 세월이 가장 최소 단위이지만, 가장 완벽한 가장 꽉 찬 단위를 의미하기 때문이다.

그래서 우리 조상들은 만세를 불러도, 세 번을 불렀다. 한두 번은 너무 적고 네 번은 너무 지나치다는 것이다. 밥을 주고 물건을 주어도 무조건 '삼 세 번'을 선호한다. 한 번 주면 부족하고, 두 번 주면 정이 없고 세 번 주어야 비로소 완성이 된다는 것이다.

심지어 《논어》에서 공자는 인간 품평의 최고의 단계인 군자에게 세 가지 다른 모습(군자삼변)이 있어야 한다고 했으며, 군자를 정의하는 데 3이라는 숫자를 쓰길 좋아했다.

"《논어》는 군자론君子論이라 할 만큼 군자라는 말이 백 번도 훨씬 넘게 많이 나온다. 군자삼외君子三畏, 군자삼계君子三戒, 군자삼변君子三變 등 여러 말이 있으나 군자는 한마디로 정의되지는 않았다."

– 박영호, 《다석사상으로 본 유교》, 두레, 41쪽

"군자삼변君子三變, 즉 군자는 세 가지 삼변, 즉 멀리서 바라보면, 엄숙함을 느낄 수 있어야 하는데, 이것이 일변一變이고, 가까이 다가가서 대하면, 따뜻한 인간미를 느낄 수 있어야 하는데 이것이 이변二變이고, 그 사람의 말을 들어보면, 정확한 논리가 서 있고 합리적인 행동을 하는 사람이어야 하는데, 이것이 삼변三變이라고 했다. 다시 말해, 멀리서 볼 때는 의젓한 모습을 갖추고 있어야 하고, 가까이서 보면 인간미의 따뜻함이 느껴져야 하고, 얘기를 해보면 논리적이고 합리적이라면, 진정한 군자라고 해도 된다는 것이다."

– 박재희, 《3분 고전》, 작은씨앗, 142쪽

중국뿐 아니라 일본에서도 3은 뭔가 완성의 의미인 듯하다. "돌 위에서도 3년"이라는 일본속담이 있다. 돌이 얼마나 딱딱하고 차가운가? 그 위에서 더도 말고 덜도 말고 딱 3년만 버티고 앉아 있으면 따뜻해진다는 뜻으로, 무슨 일을 하더라도 3년만 참고 열심히 하면 반드시 소기의 목적을 달성할 수 있다는 뜻이다.

그렇다면 이제 본론인 3년이란 기간에 대해 살펴보자. 3년이 가장 효과적인 자기계발 기간이라고 말하는 자기계발 전문가가 있다. 《그대, 스스로를 고용하라》(김영사)의 저자인 변화경영연구소의 구본형 소장은 자신의 저서에서 평범한 사람들이 가시적인 효과를 거두기 위해서는 3년 정도의 자기계발 여정이 필요하다고 말했다.

"평범한 사람들이 가시적인 효과를 거두기 위해서는 3년 정도의 자기계발 여정이 필요하다. 왜 3년일까? 참고 견딜 수 있는 가장 긴 시간이며, 성과를 낼 수 있는 가장 짧은 시간이기 때문이다. 현재의 온갖 제약과 한계로부터 벗어나 자신을 새로운 시각으로 바라보기 위해서, 적어도 우리는 몇 년의 시간적 격리를 필요로 한다. 3년 정도면, 무엇인가 새로운 것에 입문하여 어느 정도의 성과를 가지게 될 것이라고 기대할 수 있는 심리적 길이로 적합하다. 3년은 1000일을 조금 넘는다. 1000일 동안의 담금질을 통해, 꽤 괜찮은 자기를 새로 만들어낼 수 있다는 것은 좋은 일이다."

그의 말에서 3년 독서의 법칙이 수많은 실제 사례를 통해 정립된 후, 처음으로 위대한 자기계발 전문가들의 지혜와 안목과 통찰력이 담긴 주장을 발견할 수 있었다. 이러한 사례를 통해 3년은 자신의 온갖 제약과 한계를 벗어나 자신을 새로운 시각으로 바라보기 위해 필요한 최소한의 기간이며, 자신을 집중적으로 담금질하여 성장시키기에 최적의 시간이라는 사실을 우리는 정확하게 이해할 수 있다.

평범한 질그릇을 만들 때는 가마도 필요 없다. 500~800도 정도의 온도로도 그릇을 만들기에 충분하기 때문이다. 하지만 최고의 도자기를 만들 때는 반드시 가마가 있어야 한다. 1000도 이상의 온도가 필요하기 때문이다. 1000도 이상의 고온이 되기 위해서는 시간이 늘어지면 안 된다. 단기간에 집중적인 열이 가해져야 1000도를 넘어서게 된다. 1250도 정도의 높은 온도에서 그릇이 구워질 때는 800도에서 구워질 때와 다른 놀라운 현상들이 벌어지는데 흙의 밀도가 비약적으로 높아짐으로써 흙 속에 숨겨져 있던 유리질이 녹아 밖으로 흘러나오게 된다. 그 결과 고온에서 구워진 질그릇은 내구성이 뛰어나고, 금속과 같은 맑은 음을 내는 고급 도자기로 탄생되는 것이다.

사람의 독서도 이와 닮아 있다. 적은 양의 독서로 느슨한 시간 속에서 언제 어디서나 마음의 양식을 쌓고 지혜를 얻을 수 있지만, 자신을 크게 성장시켜 소인배와 같은 자신을 넘어서고 싶은 사람이라면 적은 양의 독서를 하거나 꾸준히 오랫동안 독서를 하는 것으로는 부족하다. 3년이라는 단기간에 폭발적인 독서를 한 사람은 사고와 의식의 수준이 비약적으로 높아짐으로써 자신도 몰랐던 지혜와 상상력과 통찰력이 흘러나오는 것을 경험하게 된다. 이러한 것들이 우리의 삶을 성공으로 이끌고 보다 나은 삶으로 살아갈 수 있게 해주는 도자기의 유리질인 셈이다.

"훌륭함은 가르칠 수 없다." 고대의 철학자 소크라테스의 말이다. 위인들의 삶을 살펴보면, 학교 교육에 혐오를 느끼고 학교를 박차고 나오거나, 가정 형편 때문에 정규 교육을 제대로 받지 못했거나, 둔재여서 학교 교육을 따라 가지 못해 학교에서 쫓겨나야 했던 이들이 있다.

훌륭함은 정규 교육을 통해 누군가의 가르침으로 획득해낼 수 있는 성질의 것이 아니다. 그렇다면 훌륭한 위인은 어떻게 만들까? 이러한 질문에 아주 드라마틱한 소설처럼 잘 답해주고 있는 책이 있어 일부 내용을 발췌하여 소개하겠다.

"고대 때부터 내려오는 인류의 전설에 의하면 독서는 보잘것없는 한 평범한 인간을 신화적인 영웅으로 성장시키는 비밀이었다고 한다. 불과 반세기 전까지도 이것은 인류의 극소수만이 알고 있던 희귀한 지식이었다. 기원전 450년경 지성의 국가 아테네에서조차 이 사실을 알고 있는 사람은 소크라테스 한 사람밖에 없었다. 소크라테스는 행여나 이 사실을 폭로했다가 사회에 극도의 혼란이 초래될 것을 우려하여 '훌륭함은 가르칠 수 없다'는 표현으로 대신했다. 소크라테스를 계승한 플라톤의 제자 아리스토텔레스 역시 이 비밀을 깨우친 몇 안 되는 고대인 중 한 사람이었다. 기록에 의하면 아리스토텔레스는 이 비밀을 깨우치기 위해 수십년간 잠도 제대로 자지 못하는 혹독한 대가를 지불했다고 한다. 훗날 그는 마케도니아 필리포스 왕의 요청으로 2년간 알렉산더를 가르치면서 이 비밀을 왕자에게 그대로 적용했다. 그 결과 알렉산더는 2년 동안 윤리학을 비롯해 역사, 철학, 신화, 정치, 음악, 의학, 발생학, 천문학, 동물학, 식물학, 해부학, 형이상학, 수사학, 시학을 넘나드는 광범위한 독서를 통해 인류 역사상 가장 위대한 영웅으로 성장했다."

– 진혁일, 《알렉산더형 인간》, 보민출판사, 44~45쪽

좋은 학교를 아무리 좋은 성적으로 졸업을 해도 그것이 위대한 사람을 만들지는 못한다는 사실을 통해 훌륭함은 가르칠 수 없다라는 진리를 다시 한 번 깨닫게 된다. 알렉산더 역시 2년 동안의 광범위한 독서로 위대한 영웅이 되었다.

"그로부터 250년 뒤 생각지도 못한 기회에 이 비밀을 획득한 또 하나의 행운아가 있었으니, 바로 로마 역사상 가장 위대한 영웅으로 성장한 가이우스 율리우스 카이사르였다. 카이사르의 집안은 로마 초기 시절부터 명문 귀족이었지만, 이미 오래 전부터 몰락의 길을 걷고 있었다. 따라서 귀족으로서의 특혜를 전혀 누리지 못했고, 비싼 돈을 들어가며 질 좋은 가정교사를 들일 형편도 되질 못했다. 하다 못한 카이사르의 어머니는 결국 조상 대대로 물려온 서적들을 모조리 아들에게 읽히는 방법을 택하기에 이른다. 그러나 이 덕분에 카이사르는 인류의 출현 이래 가장 위대한 성공의 비밀을 깨우치는 어마어마한 행운을 거머쥐게 되는데 (…) 그 후에도 나폴레옹 같은 독서의 비밀을 눈치 챈 사람들은 하나같이 세계사를 휘어잡는 신화적인 영웅의 반열에 올랐다. 이렇듯 독서에 대한 비밀은 고대 때부터 인류의 극소수에서 극소수로 끊임없이 전수돼 왔으며, 언론의 자유가 보장된 오늘날에는 꽤 많은 사람들이 그것을 알고 있다. 빌 게이츠 역시 하버드대학의 수석 졸업장보단 어려서부터의 독서 습관이 훨씬 중요하다며 공공연하게 그 비밀을 밝히고 있다."

– 진혁일, 《알렉산더형 인간》, 보민출판사, 46~48쪽

우리가 앞에서 던진 질문인 훌륭한 위인들은 어떻게 만들어지는가에 대한 훌륭한 답이 되었을 것이다. 하지만 여기에도 우리가 미처 생각하지 못한 한 가지 맹점이 있다. 동시에 우리는 한 가지 의문을 가져야 한다.

왜 수많은 독서가들 중에 어떤 이의 다독은 보잘것없는 한 평범한 인간을 신화적인 영웅으로 성장시키는 것에 반해, 다른 독서광들은 신화적인 영웅으로 성장한 사람 못지않게 다독을 했음에도 평범한 인간으로 머물러 있어야 하는가? 그것이 사람마다의 재능이나 지능에 따라서 그 사람의 소질에 따라서 결정되는 것일까? 필자는 그렇다고 생각하지 않는다. 필자는 그 이유가 다른 각도와 다른 요소에 있다고 생각한다.

우리 주위에도 책을 좋아해서 책과 함께 사는 사람들이 적지 않다. 그렇다고 해서 그들 모두가 역사적인 영웅이 되는 것은 아니다.누구는 다독을 통해 역사적인 인물이 되고, 누구는 다독을 해도 역사적인 인물로 성장하지 못하는 근본적인 이유는 무엇일까? 앞에서 말한 '다른 요소와 다른 이유'는 무엇일까?

필자는 폭발적인 양의 독서를 하는 데 있어 자신도 알지 못했던 '독서 기간의 차이'에 있다고 생각한다. 물이 끓을 때는 중간에 그

치는 것이 없이 100도를 돌파해야 한다. 그런데 매번 80도나 90도에서 그치고, 다음날 다시 0도에서 시작하는 행위를 반복하는 사람은 평생 물을 끓이고 있음에도, 물이 끓는 것을 경험하지 못하게 된다. 하지만 집중적으로 물을 끓인 사람은 단번에 물이 끓는 것을 경험하게 되고 놀라움을 금치 못하게 된다.

독서에도 그러한 임계점이 존재한다. 그리고 그 임계점의 기준은 양과 함께 시간이라는 두 가지 요소에 의해 전적으로 결정된다. 그래서 똑같이 책을 좋아하는 독서광 중에서도 어떤 이는 인생 자체가 송두리째 천지개벽될 정도로 변화하게 되어 위대한 성공을 하고, 어떤 이는 그저 책 속에만 파묻혀 책벌레로 살아가는 것이다.

인생 역전을 이룬 3년 독서의 법칙

"우리 자신의 발견은 세상의 발견보다 중요하다." 세계에서 가장 영향력 있는 경영사상가 중에 한 명인 찰스 핸디의 말이다. 그렇다. 이 세상의 어떤 발견보다 우리 자신이 누구이고 어떤 존재이며 어떤 노력을 통해 얼마나 성장 가능한 존재인지를 제대로 발견하는 것이 중요하다. 이제 필자는 우리 자신과 관련된 하나의 발견에 대해 이야기하고자 한다. 우리 자신과 관련된 하나의 발견이라고 하는 이유는 그 법칙의 중심에 우리 자신이 있고, 이는 우리 자신을 위한 법칙이기도 하기 때문이다.

'3년만 책에 미치면 세상이 바뀐다'는 주제에 대해 이제 문을 열고 들어가고자 한다. 이 페이지를 넘기고 있는 지금 이 순간부터 독자 여러분들은 새로운 '독서 혁명讀書 革命'의 광활한 세계로 들어가게 될 것이다. 먼저 3년 독서의 법칙의 이해를 위해 이 법칙의 토대가 되는 원리를 말하고자 한다.

이 세상에는 누구보다 더 열심히 살아가는 사람들이 많지만, 그들 중에는 가난한 워킹푸어Working Poor에 머물고 있는 사람들이 적지 않다. 그 이유는 무엇일까? 그 이유를 손대는 분야마다 세계 1위를 만들어내는 일본 전산의 나가모리 시게노부 사장이 한 말에서 찾을 수 있다. 바로 "능력의 차이는 고작 다섯 배 정도이지만, 의식의 차이는 100배의 차이를 낳는다"는 말이다.

그가 한 말에서 필자는 그 말의 원래 의미보다 더 중요한 의미를 발견할 수 있었다. 그것은 바로 3년 독서의 법칙이 실제적으로 효과와 위력을 낼 수 있는 원리라는 사실이다. 그 원리를 설명하기 위해 먼저 범재凡才와 천재天才를 가르는 차이를 한 번쯤 생각해봤으면 좋겠다.

범재와 천재를 가르고 범재를 천재로 만드는 데 필요한 조건은 무엇일까? 꾸준한 자기계발을 통해 능력을 향상시키면 되는 것일까? 안타깝게도 수많은 사람들의 고정관념은 그 차이가 능력의 문제라고 생각하도록 만든다. 그래서 범재를 천재로 만드는 데 필요한 가장 중요한 조건이 능력의 향상이라고 생각한다. 하지만 필자는 그렇게 생각하지 않는다.

세계에서 가장 빠른 사나이라 할지라도 보통 사람들보다 두세 배 이상 빠르지는 못하다. 100미터 달리기의 경우만 봐도 그렇다. 진짜 범재와 천재를 가리는 것은 능력의 차이가 아니라 의식의 차이라고 생각한다. 능력은 아무리 격차가 심하게 나도 다섯 배를 넘지 못하지만 의식의 차이는 100배 심지어 1000배 이상의 격차도 가능하다. 필자는 그 이상도 가능한 것이 의식의 격차라고 생각한다.

우리의 고정관념은 과거 농업화 시대와 산업화 시대를 살아오면서 남들보다 무엇인가를 빨리 잘할 수 있는 능력에 초점을 맞추도록 설정되어 왔다. 물론 과거 산업화 시대와 농업화 시대에는 능력, 기술, 재주만 있으면 남들보다 더 많은 돈을 벌고, 더 잘살수 있었던 것이 사실이고, 그러한 사회적 환경이었다. 하지만 그것은 농업화와 산업화 시대, 즉 과거의 이야기에 불과하다는 사실을 우리는 깨달아야 한다.

지금 우리가 살아가는 이 시대는 남들보다 더 빨리 더 잘할 수 있는 능력이 중요한 시대가 아니라, 우리의 머리와 의식으로 하는 창의성과 아이디어와 상상력을 통해 발현되는 혁신이 중요한 시대다. 우리가 살아가는 이 시대는 능력보다 이러한 것들이 몇백 배 더 중요한 시대이기 때문에 세계적인 영웅과 갑부들은 모두 창의성과 아이디어와 상상력이 뛰어난 사람일 수밖에 없다. 이것이 바로 의식의 도약을 이룬 사람들이 세계적인 인물이 되고, 세계 최고의 갑부가 되고, 인류의 삶을 도약시키는 혁신적인 제품과 네트워크를 만들어내는 이유인 것이다. 그래서 필자는 이렇게 말하고 싶은 것이다.

"범재와 천재를 가르는 것은 능력의 차이가 아니라 의식의 차이다."

그리고 그 의식 수준을 향상시킬 수 있는 최고의 방법, 인생 역전의 최고의 방법이 바로 3년 독서의 법칙이다. 3년 독서의 법칙이 인생 역전의 최고의 방법이라고 자신 있게 말할 수 있는 근거는 이것뿐만이 아니다. 수많은 실존 인물들의 생생한 삶이 이 법칙을 하나하나 입증하기 때문이다.

3년 독서의 법칙을 실천할 때, 눈에 보이는 실재적인 능력이나 재주, 기술이 향상 되는 것은 절대 아니다. 3년 독서의 법칙을 실천했을 때 우리가 얻을 수 있는 것은 사고와 의식의 비약적인 도약일 뿐이다. 하지만 이러한 사고와 의식의 도약이 평범한 둔재를 역사적인 천재로 만들고, 밑바닥 인생에서 허덕이던 수많은 사람들을 정상의 삶과 부자로 만든다고 확신한다.

이런 원리로 보면 상상력과 창의성이 가장 큰 경쟁력이 되어가는 이 시대에 부자와 빈자의 격차가 더욱 크게 벌어지는 것은 당연하고 자연스러운 것이다. 독서의 부익부빈익빈 현상 또한 더욱 심해지고, 그로 인해 의식의 격차 또한 심해지고 있다. 책을 읽는 사람은 더욱 더 많이 읽고, 안 읽는 사람은 더욱 더 안 읽고 있기 때문이다.

기적을 만드는 3년 독서의 법칙

이제부터 '3년 독서 법칙'이 무엇인지 깨달을 수 있도록 차근차근 설명해보겠다. 3년 독서의 법칙이란 3년 정도의 단기간 내에 다양한 분야의 엄청난 책들을 독파해냄으로써 한 번도 나아가지 못한 의식과 사고의 비약적인 도약을 경험하여 자신의 인생을 한 단계 더 향상시켜 보다 나은 삶을 살아낼 수 있는 최고의 자신을 만드는 법칙이다.

3년 독서의 법칙의 실제 사례는 상상도 못할 정도로 많다. 일본 IT의 산 역사가 된 '소프트뱅크'의 손정의 회장은 어린 시절 '조센징'이라는 놀림을 받으면서도 차별이 심한 일본에서 '인터넷 황제'가 되었다. 가난한 탄광노동자의 손자로 태어난 그가 일본 제일 부자라고 일컬어질 정도로 큰 성공을 이룩할 수 있었던 원동력은 3년 동안 병상에서 독파한 4000권에 있었다.

"26살부터 3년 동안 간염으로 입원하여 투병생활을 하였다. 아무것도 할 수 없어서 책을 읽으며 시간을 죽이고 있었다. 그러다가 책을 한번 제대로 읽어보자는 생각이 들기 시작했다. 그래서 그날부터 책만 읽었다. 3년 동안 4000권의 책을 읽었다. 그 기회를 살려서 인생의 그림을 그렸다. 그 3년의 결행이 나의 평생을 보장했다."

– 조용상, 《생존력》, 나무한그루, 200~201쪽

많은 이들의 안락한 휴식처인 '민들레영토'를 만든 지승룡 소장에게도 목회에 실패하고 이혼을 하고 사회의 낙오자가 되어 방황하던 시절이 있었다. 누군가를 만나는 것 또한 버거웠던 그가 어떻게 재기해 중국과 미국에까지 진출한 토종 카페의 대표로 성공의 길을 갈 수 있게 된 것일까? 낙오자에서 성공한 사업가로 인생 역전을 가능하게 해준 것은 3년 동안 읽은 2000권의 책이었다.

"그 무언가가 절실하게 필요했다. 그때 생각난 게 책이었다. 3년 동안 2000권의 책을 읽다 (…)"

– 김영한, 《민들레영토 희망 스토리》, 랜덤하우스코리아, 3~4쪽

"36세의 내가 무엇을 해야 하는지 고민을 하는 동안 시간은 속절없이 흘러갔다. 나는 3년 동안 도서관에서 책을 읽으면서 스스로 운명을 바꾸었다."

–《민들레영토 희망 스토리》, 25쪽

일본의 저술왕 나카타니 아키히로는 우리에게도 잘 알려진 베스트셀러 작가이다. 《20대에 하지 않으면 안 될 50가지》(바움), 《면접의 달인》(바다출판사) 등 제목을 들으면 한 번쯤은 읽어본 적이 있는 책들일 것이다. 그는 소설가에 광고 기획자에 텔레비전 MC에 드라마 · 버라이어티 쇼 · 라디오 프로그램에 출연할 정도로 많은 일을 하면서도 한 해 평균 60권 안팎의 책을 써내는 다작가이다. 그는 어떻게 이 많은 일들을 해낼 수 있는 것일까? 어떻게 베스트셀러 작가가 될 수 있었던 것일까? 그 또한 3년 동안 3000권을 읽었고, 여기에 1년을 더 읽어서 대학 4년 동안 4000권의 책을 독파했다.

시골의 한 외과의사에 불과했던 이름 없는 박경철 원장이 필명인 '시골 의사'로 불리며 어떻게 경제 전문가에 이어 베스트셀러 작가가 될 수 있었던 것일까? 어떻게 해서 많은 책들을 집필할 수 있었던 것일까? 그 원동력은 무엇일까?

> "중고등학교가 같이 있던 학교를 다닌 그는 중학교 3년간 도서관에 있는 책을 모두 읽었다. 수업만 끝나면 도서관에 달려가 밤 12시까지 책을 읽었는데, 그때부터 독서는 그를 다른 사람과 다른 관점을 갖도록 만드는 튼튼한 토양이 되었다."
>
> – 민도식, 《나를 확 바꾸는 실천독서법》, 북포스, 88~89쪽

한국 역사상 최초로 노벨상을 수상한 김대중 전 대통령은 독재

와 탄압 속에서도 놀라운 정신력으로 이겨내고 대통령이 되어 한국의 '민주'와 '통일'이라는 큰 업적에 한 획을 그었다. 뿐만 아니라 자신을 탄압한 전 대통령에게 어떠한 정치적 보복도 하지 않는 금도襟度를 보여주었다. 한마디로 한국 역사의 큰 인물이며 세계적인 인물이다.

그로 하여금 역사적인 거인이 되게 해준 원동력은 무엇이었을까? 그의 자서전을 보면 4년여의 감옥 생활을 통해 아무런 구애를 받지 않고 독서에 몰입할 수 있었던 경험을 통해 보석과 같은 삶의 진리를 체득할 수 있었다고 한다.

"진주와 청주에서의 4년여의 감옥 생활은 나에게는 다시없는 교육의 과정이었다. 정신적 충만과 향상의 기쁨을 얻는 지적 행복의 나날이었다. 감옥이야 말로 나의 대학이었다."

- 김대중, 《김대중 자서전》, 삼인, 440~441쪽

"김대중은 그곳에서 책을 읽었다. 신학, 철학, 역사, 정치, 그리고 소설까지 (…) 하루 열 시간 이상 책을 읽으며 지냈다."

- 조한서, 《김대중》, 작은씨앗, 160쪽

대학교 4학년 때 불치병인 '근육무기력증'이라는 큰 병에 걸려 시련과 좌절을 겪게 된 이랜드 그룹의 박성수 회장은 어떻게 해서 그

것을 이겨내고 이랜드 그룹의 창업자가 될 수 있었을까? 2년 6개월이라는 짧은 기간 동안 병상에서 읽은 3000권의 책을 통해 새로운 삶을 살아내는 용기와 지혜를 얻게 된 것이다.

> "박성수 회장은 2년이 넘는 시간 동안 무려 3천여 권의 책을 읽었고, 그것은 고스란히 그의 사업 밑천이 되었다. 전화위복인 셈이다."
>
> – 윤성화, 《2주에 1권 책 읽기》, 더난출판사, 17쪽

뿐만이 아니라 이문열 작가, 도올 김용옥 선생, 시골 의사 박경철 원장, 교보문고 창립자 신용호 선생, 중국의 국부 모택동, 나폴레옹, 에디슨 등도 모두 3년 독서의 법칙에서 주장하고 있는 단기간의 집중적인 독서 경험을 실제로 가지고 있는 위인들이라는 사실을 필자는 1만 권 독서의 즐거움을 누리면서 우연히 발견할 수 있었다.

3년 동안 수천 권의 책을 독파한다고 해서 누구나 인생을 완전히 바꿀 수 있다는 것은 아니다. 하지만 3년 동안 읽었던 책들을 통해 위대한 삶을 창조하며 살 수 있었던 사람들에게 그들의 인생에서 3년 동안 오롯이 책의 세계에 빠져 책만 읽을 수 있었던 환경이 주어지지 않았고 엄청난 책을 읽을 수 있었던 기회를 가지지 못했다면 위대한 성과를 거둘 수 있었을까?

분명한 한 가지는 이들이 모두 3년 독서의 법칙을 실천함으로써,

그 이전보다 훨씬 더 큰 인생을 계획하고 더 큰 삶을 살 수 있는 거목으로 성장할 수 있었다는 사실이다.

단기간에 수천 권의 책을 읽게 되면 무엇보다 쉽게 자기 발전이라는 성과를 달성할 수 있다는 점이 3년 독서의 법칙의 가장 큰 이점이다. 이 세상에 존재하는 그 어떤 자기계발 방법 중에서도 가장 저렴한 방법이며 가장 확실하게 자신을 성장시킬 수 있는 방법인 셈이다. "남의 책을 많이 읽어라. 남이 고생한 것을 가지고 쉽게 자기 발전을 이룰 수 있다." 소크라테스의 말처럼 3년 독서의 법칙을 통해 많은 책을 읽게 되면 쉽게 자기 발전을 이룰 수 있다.

필자가 3년 독서의 법칙을 발견할 수 있었던 결정적인 계기는 바로 필자 자신이 직접 체험한 것이기 때문이다. 필자의 삶을 되돌아볼 때 필자의 인생에서 결코 빼놓을 수 없는 귀한 경험을 한 시기가 있었다. 그것이 바로 3년 독서의 시간이었다. 3년 독서의 법칙을 실천하여 인생이 송두리째 바뀐 사람은 다름 아닌 필자이다. 그래서 다른 사람들도 이런 경험을 하지 않았을까? 하는 의구심을 가지게 되었고 조사를 하게 되었던 것이다. 하지만 이러한 의구심도 처음부터 가지게 되었던 것은 아니다. 수많은 책을 읽으면서 3년 동안 몇천 권의 책을 읽고 더 큰 성공을 거두고 회사를 창업하고 큰 도약을 이룩한 사람들의 성공 스토리를 접할 때마다, 필자는 고개를 끄덕이며 말했다.

"어, 나도 그런데! 이 사람도 나와 똑같은 경험을 했네!"

이런 경험을 통해 3년의 집중 독서에 큰 관심을 가지게 되었고, 3년이라는 짧은 기간에 폭발적인 독서를 하는 것이 사람에게 어떤 영향을 주고 얼마나 큰 위력을 발휘할 수 있는지, 이런 경험을 한 사람들은 몇 명이나 되는지 연구하고 조사하기 시작했던 것이다.

인생을 송두리째 바꿀 수 있는 가장 강력한 법칙은 끌어당김의 법칙도 아니며 꿈만 꾼다고 되는 것도 아니며 큰 목표만 세운다고 되는 것도 아니다. 인생을 송두리째 바꿀 만큼 큰 인생 혁명을 하고자 한다면 실천을 통해 자신을 큰 거인으로 만드는 것이 가장 근본적인 실천 사항이어야 한다는 측면에서, 이 법칙은 가장 근본적이면서도 가장 확실한 인생 혁명의 수단이며 도구인 셈이다.

자신의 발전과 성장에 노력을 기울이지 않아 평범한 그릇에 불과한데도 꿈만 크게 가지고 끌어당김의 법칙만 실천하고 무조건 열정을 품고 열심히 노력한다고 해서 큰 인생을 살아 갈 수 있을까라는 측면에서 조금만 생각해보면 우리는 알 수 있다.

먼저 자신을 큰 그릇으로 만들면 꿈을 꾸지 말라고 해도 자신을 넘어서는 큰 꿈을 자연스럽게 꾸게 되어 있고, 큰 목표를 세우지 말라고 해도 자신이 한 번도 상상하지 못한 큰 목표를 세우게 되어 있다는 사실을 우리는 알아야 한다. 이제는 타인의 삶을 흉내 내고 모방하기 위한 허풍과 허영심으로 씨줄과 날줄이 촘촘하게 엮어진 듯한 잘못된 꿈과 목표를 버리고, 자신의 내부로부터 저절로 흘러나오는 참된 의식과 사고로 촘촘하게 엮어진 삶을 살아야 하는 것이 아닐까? 인생의 성공과 실패를 결정짓는 것은 다름 아닌 우리 자신의 그릇이며 자신을 성장시키고 발전하기 위한 부단한 준비일 것이다.

"준비된 자만이 성공의 기회를 창출할 수 있고, 기회가 주어졌을 때 잡을 수 있다." 그렇다면 3년 독서의 법칙은 완전한 준비를 할 수 있게 해주는 법칙이며, 스스로 기회를 창출해낼 수 있고 그렇게 창출해낸 기회를 스스로 붙잡을 수 있게 해주는 법칙인 셈이다.

3년 독서의 법칙은 3년 동안 분야를 가리지 않고 방대한 책들을 독파하며, 다양한 사람들과 소통을 하고 다양한 사고와 지혜가 있다는 사실을 간접 체험함으로써 자신의 사고가 넓고 깊어지게 되고, 자신의 상상력과 지혜와 통찰력이 비약적으로 발전할 수 있는 독서법이라고 할 수 있다.

13억 중국인을 하나로 만든 중국의 국가 주석이었던 모택동 역시 학교를 다니는 것 대신에 도서관에만 파묻혀 일정 기간을 독서에만 몰두한 '집중 독서' 경험이 있었다는 사실을 아는가? 발명왕 에디슨 역시 12세 무렵을 전후로 하여 도서관에 있는 책을 모조리 독파해 버렸던 집중 독서 기간이 있었다는 것을 아는가? 디트로이트시립도서관의 책을 모두 읽었던 집중 독서의 시기가 그의 인생에 있었다. 3중고의 장애에도 불구하고 위대한 인생을 살다 간 헬렌 켈러에게도 집중 독서 기간이 있었다는 사실을 아는가? 아인슈타인, 처칠, 존 스튜어트 밀 등의 인물도 부모로부터 집중적인 독서 훈련을 받았던 적이 있다는 사실을 아는가?

이들 모두 '3년 독서의 법칙'에서 제시하는 다음의 두 가지 조건을 충분히 충족시켰기 때문에 성공과 인생 역전이 가능했다.

첫째, 독서량이 일정한 임계점을 돌파해야 한다.

둘째, 독서하는 데 걸린 시간이 일정 시간 이내여야 한다.

이 법칙의 위력은 어떤 재주나 기술을 연마시켜주는 것이 아니라 독서의 임계점을 넘게 해주어, 사람 그 자체라고 할 수 있는 의식과 사고를 비약적으로 향상시켜 준다는 데 있다. 이 법칙을 통해 독서는 질도 중요하지만 양도 절대 무시해서는 안 된다는 새로운 사실을 깨닫게 되었다.

"많은 것을 변화시키고자 한다면 많은 것을 받아들여라"라고 말한 철학자 사르트르의 조언대로 많은 책을 읽은 사람이 단 한 권의 운명적인 책을 읽은 사람보다 훨씬 더 나은 삶을 살아갈 수 있다. 한 권의 책을 읽는다는 것은 단 하나의 멋진 우물을 경험한다는 것이다. 그 우물이 정말 멋지고 크다면 그것으로 된 것이다. 하지만 이 세상에 그 어떤 명저도 나머지 구백구십구 권을 합쳐놓은 것보다 더 클 수 있는 책이 과연 있을까?

수천 권의 책을 읽은 사람은 수천 개의 우물을 경험한 것과 다름없으며, 수천 개의 우물이 3년이라는 짧은 시간 안에 한 사람의 정신과 마음과 의식이라는 장소에 모이게 되면 그것은 한 번도 경험해보지 못한 거대한 사고의 바다가 형성되는 것이다.

3년 독서의 법칙 vs 10년 법칙

'10년 법칙'은 어떤 분야에서 최고 수준의 성과와 성취에 도달하려면 최소 10년 정도는 집중적인 사전 준비를 해야 한다는 법칙이다. 즉 자신이 작곡가가 되고 싶다든지 과학자가 되고 싶다든지 예술가나 무용가가 되고 싶다면, 최소한 10년 이상을 꾸준히 노력해야 그 분야에서 인정받는 대가가 될 수 있다는 법칙이다. 10년 법칙은 자신의 분야를 선택하고 나서 10년 이상 꾸준히 노력하면 그 분야에서 성공할 수 있다는 것을 여러 사람들의 삶을 통해 입증해낸 법칙이다.

하지만 3년 독서의 법칙의 경우는 10년 법칙과 매우 다르다. 먼저 3년 독서의 법칙은 자신이 앞으로 어떤 삶을 살며 무엇을 해야 할지 어떻게 살아야 할지조차 모르는 사람들이 실천하기에 아주 좋은 법칙이다. 그래서 자신의 분야를 정한 사람들뿐만 아니라 자신이 앞으로 어떻게, 무엇을 하며 살아야 할지를 정하고자 하는 사람들이 이 법칙을 통해 자신의 삶의 방향과 분야와 진로를 선택할 수 있게 된다는 점에서 확실한 차이가 있다.

뿐만 아니라 3년 독서의 법칙은 어떤 특정 분야에서 전문가가 되게 해주는 법칙이 아니다. 10년 법칙의 경우에는 10년 동안 한 분야에서 꾸준한 연습과 노력과 훈련을 하면 그 분야에서 전문가가 될 수 있다는 법칙인데 반해, 3년 독서의 법칙은 어떤 분야에서 어떤 일을 하더라도 이 법칙을 실천하기 전보다 훨씬 더 잘할 수 있는 지혜와 통찰력이 가득 찬 사람, 즉 기본기가 제대로 갖추어진 사람으로 성장과 발전을 시켜주는 법칙이다. 다시 말해 3년 독서의 법칙을 실천하게 되면 전문가가 되는 것이 아니라 사람 그 자체가 큰 사고와 높은 의식을 가진 큰 그릇으로 변화된다.

3년 독서의 법칙을 통해 사고와 의식이 높은 수준으로 도약하는 것은 10년 법칙을 통해 자신이 선택한 분야에서 기술이나 재능이 비약적으로 도약하는 것을 경험하는 것과 같은 원리이며 이치이다. 하지만 3년 독서의 법칙은 그것이 특정한 기술이나 재능이 아닌 인간의 사고와 의식 수준이라는 점에서 차이가 있다.

또한 10년 법칙의 경우에는 자신이 선택한 분야의 일이나 활동을 통해 연습하고 훈련하지만, 3년 독서의 법칙은 반드시 책을 통해 자신의 사고와 의식 수준을 향상시키는 연습과 훈련을 한다는 점에서도 명백한 차이가 있다.

10년 법칙은 자기 자신을 자기 분야에서 큰 획을 긋는 인물로 만들어가는 긴 과정과 연결되어 있다면, 3년 독서의 법칙은 자기 자신을 미래에 선택하지 않은 어떤 분야에서 큰 획을 그을 수 있는 미래의 인물로 성장, 발전시켜나가는 가장 기본적이고 근본적인 준비 과정이라고 할 수 있다.

그래서 10년 법칙이 나무에 열매를 맺게 되는 법칙이라면, 3년 독서의 법칙은 얼마나 큰 나무로 대성할 것인지를 결정짓는 과정이며 어떤 씨를 뿌릴 것인지에 대한 법칙이라고 할 수 있다. 그리고 그 씨앗의 종류를 결정짓는 것이 바로 3년 독서의 법칙이라고 할 수 있다.

10년 법칙이 추구하는 목표는 자기 분야에서 경쟁자와 자신을 얼마나 차별화시킬 수 있느냐라고 한다면, 3년 독서의 법칙이 추구하는 목표는 과거의 자신보다 현재의 자신을 얼마나 성장시킬 수 있느냐라고 말할 수 있다. 10년 법칙을 통해 경쟁에서의 승리를 얻을 수 있다면, 3년 독서의 법칙을 통해서는 타인과의 경쟁이 아닌 자신과의 경쟁과 도전을 통해 오롯이 자신의 성장과 발전을 얻을 수 있다.

우리가 3년 독서의 법칙을 실천할 때 반드시 명심해야 하는 것은 돈이 되지 않을 것 같고 도움이 되지 않을 것 같은 그러한 책에도 변함없이 빠져들고 미쳐야 한다는 것이다. 이러한 분야가 오히려 더 큰 돈을 불러들이게 해주는 마법을 발휘한다는 사실을 나중에는 깨닫게 될 것이다. 그렇기 때문에 순수하게 독서를 즐기며 독서에 미쳐서 온갖 책의 바다에 빠지는 것이 필요하다.

10년 법칙의 경우에는 특정 분야의 기술이나 재주를 연마해야 한다. 그래서 몸과 관련이 있다. 하지만 3년 독서의 법칙은 우리의 마음과 관련된 의식과 사고를 향상시키는 것이며 사고를 통해 다양한 경험을 한다는 데 있다. 그래서 마음과 관련이 있다. 이러한 근본적인 차이로 인해 10년 법칙은 최소 10년 이상을 꾸준히 연습해야 하지만, 3년 독서의 법칙은 3년 정도의 단기간에 성취가 가능한 것이다. 다시 말해 몸이 완전히 무엇인가를 체화하기 위해서는 최소 10년이 걸린다면, 마음과 의식의 큰 변혁을 이루기 위해 마음과 의식이 완전히 달라지기 위해서는 최소 3년이 걸린다고 할 수 있다.

10년 법칙은 인간의 외적인 것을 만들어주는 법칙이다. 그렇다면 3년 독서의 법칙은 인간의 내적인 것을 만들어주는 법칙이다. 그리고 좀 더 정확히 말한다면 10년 법칙은 자기 자신을 외부의 것, 즉 특정 분야의 전문가로 만들어주지만, 3년 독서의 법칙은 자기 자신을 더욱 더 자신답게 만들어준다. 자기 자신이 누구이고 어떤 삶을 살아가는 것이 가장 나은 삶의 길인지를 알게 해주기 때문이다.

> "10년 법칙은 자신을 전문가로 발전시켜 명품 인생을 살 수 있게 해주는 법칙이라면, 3년 독서의 법칙은 자신을 명품 그 자체, 즉 위대한 존재로 성장시켜주는 법칙이다."

《논어》에서 공자는 '군자불기君子不器'라고 했다. 이 말의 뜻을 해석해보면 군자는 어떤 모양이나 틀이 정해져 있어서 어떤 용도에만 국한되는 그릇이 아니라는 뜻이다. 다시 말해 군자는 자신의 분야에만 정통하여 전문가가 되는 것이 아니라 다양하고 폭 넓은 분야에 대해 넓고 깊은 식견과 통찰력을 갖춘 사람이기 때문에, 어떤 한 가지 용도로만 쓰이는 전문가의 한계에서 벗어날 수 있어야 한다는 것이다. 그런 의미에서 10년 법칙은 전문가를 만드는 법칙이지만, 3년 독서의 법칙은 군자를 만드는 법칙이라고 할 수 있다. 이처럼 10년 법칙과 3년 독서의 법칙은 비슷해 보이지만 그 속을 들여다보면 전혀 다른 법칙이라는 것을 알 수 있다.

일찍이 아인슈타인은 "새로운 이론을 발견하는 것은 산 정상에 올라 새롭고 넓은 시야를 갖는 것과 다를 바 없다"라고 말했다. 10년 법칙도 그렇듯이 3년 독서의 법칙도 인류 역사를 통해 수많은 사람들이 실천하고 경험했던 것이다. 이제 인류는 이 새로운 법칙을 통해 좀 더 높은 도약을 할 수 있게 될 것이라고 믿는다.

최적의 독서량과 독서 시간

3년 독서의 법칙의 공식

독서량(권) ÷ **독서 시간**(일)

= 3년 독서 평균 수치 1(최저 수치 0.5)

- 최소 조건: 독서량은 1000권 이상이어야 한다.
- 설명: 만약 1000권을 3년 동안 읽었다면, 1000권/1000일 = 1이 되어 독서의 임계점을 돌파할 수 있는 1점이 된다. 만약에 1000권을 6년 동안 독파한 경우 1000권/2000일 = 0.5가 되어 3년 독서 커트라인인 0.5이므로 성공이다.

책을 많이 읽으면 인생이 바뀐다는 사실은 누구나 알고 있는 상식이다. 하지만 그것이 효과를 얻기 위해서는 양과 시간이라는 두 가지 요소가 충족되어야 한다. 독서한 양이 아무리 많다고 해도 독서 시간이 너무 오래 걸린 경우 독서의 임계점을 돌파하지 못한다는 것이다. 반대로 독서한 시간은 단기간이지만 독서한 양이 너무 적어도 그렇게 된다.

이런 측면에서 3년 독서의 법칙은 무조건 책을 많이 읽는다고 되는 것도 아니고, 무조건 3년 동안 책을 읽는다고 되는 것도 아님을 확실하게 알아야 한다. 두 가지 조건 즉 양과 시간의 조건이 모두 만족해야 한다.

양은 최대한 많게 하고 시간은 최대한 짧게 하는 것이 3년 독서의 법칙을 실천하는 최고의 방법이다. 최적의 독서의 양과 독서 시간을 연구한 결과 독서의 임계점을 돌파하기 위한 최적의 독서의 양은 1000권 이상이었고 최적의 독서 시간은 3년이었다.

최적의 독서량과 독서 시간:

1000권/1000일(3년) = 1 = 가장 효율적인 수치

이것이 3년 독서의 법칙이 탄생하게 된 토대가 되었다. 3년 독서의 법칙의 조건은 독서한 양이 1000권 이상이 되면서 위의 공식에 대입하여 계산해 1이 나오면 최적의 실천 결과라고 할 수 있다. 하

지만 사람에 따라 허용 오차를 줄 경우, 공식에 대입한 값이 0.5 이상이 되면 3년 독서의 법칙을 성공적으로 실천했다고 볼 수 있다.

1000권의 책을 6년 즉 2000일 안에 읽었을 경우 공식에 대입하면 0.5가 나온다. 바로 이 수치가 3년 독서의 법칙의 커트라인인 셈이다.

3년 독서의 법칙 커트라인:

1000권/2000일(6년)=0.5=3년 독서의 법칙의 성공 최저 조건

이로써 3년 독서의 법칙이 완성되었다. 이것을 그래프로 만들어 보자.

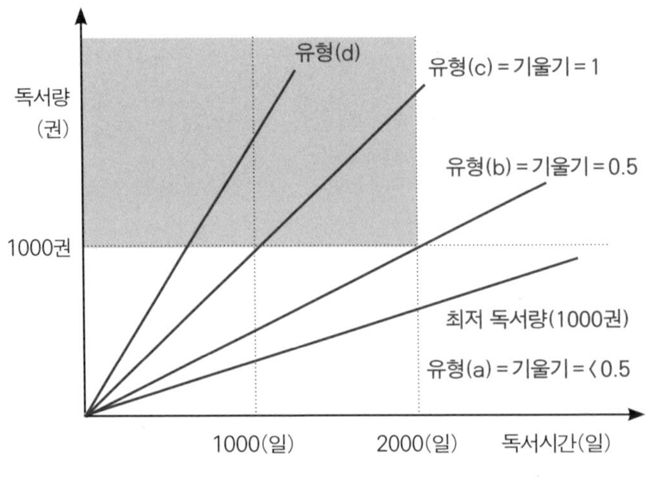

〈3년 독서의 법칙의 그래프 〉

그래프를 보면 색으로 표시된 사각형은 3년 독서의 법칙의 성공 구역이다. 즉 2000일 이내에 1000권 이상의 독서를 한 경우이다. 그리고 유형 (a)의 경우에는 평소에 독서를 꾸준히 많이 하는 독서광이다. 하지만 아쉽게도 독서 시간에 비해 독서량의 기울기가 최저 기울기인 0.5를 넘지 못한다. 그래서 독서의 임계점을 돌파할 수 없다. 평생 1000권 이상의 책을 읽어도 임계점을 돌파하는 경험을 하지 못하는 것이다.

이와 반대로 유형 (d)의 경우에는 1000일보다 훨씬 짧은 기간에 최저 독서량인 1000권을 독파해냈다. 이 경우에는 1년 6개월 만에 수천 권의 책을 독파하고, 2년 6개월 만에 2000권을 독파한 위인들이 포함된다.

3년 독서의 법칙에 대해 독자들이 오해할 수 있는 가장 큰 부분은 독서 임계점의 기준일 것이다. 임계점에 대하여 좀 더 많은 연구를 해야 하는 것이 사실이다. 하지만 분명한 것은 이것이 절대 지식의 임계점을 의미하는 것은 아니라는 점이다. 지식이 아무리 많아도 지식을 통합하여 하나의 새로운 법칙을 발견하고 새로운 이론을 정립하기 위해서는 또 다른 것이 필요한데, 또 다른 것 중에 가장 중요한 하나가 사고력이라고 할 수 있다. 3년 독서의 법칙에서 초점을 맞추는 것은 사고력과 의식의 수준이다.

3년 독서의 법칙의 조건

독서의 임계점을 돌파한다는 것은 지식의 임계점을 돌파한다는 것이 아니다. 꾸준히 책을 읽는 사람들은 엄청난 양의 지식이 차곡차곡 쌓인다. 하지만 인생을 역전시킬 만큼 위대한 독서 혁명의 요체는 지식이 아니라 의식과 사고의 혁명이 일어나는 것을 의미한다. 아인슈타인이 말했듯이 "상상력이 지식보다 더 중요"하기 때문이다. 지식의 차이는 크지 않지만 사고와 의식의 차이는 수백 배 이상으로 큰 간격이 생길 수 있는 무한한 특성과 힘과 에너지를 가지고 있기 때문이다.

중간에 멈추거나 중단하지 않고 3년이라는 단기간에 집중적으로 계속 독서를 할 경우 임계점을 돌파할 수 있는 확률이 매우 높아지게 되어 평범한 사람들이라면 거의 대부분 자신의 인생을 역전시킬 수 있을 만큼 성장과 발전에 큰 효과가 있다는 것이 이 법칙이다.

평범한 사람일수록 단기간에 많은 양의 독서를 해야 임계점을 돌파할 수 있다. 지금까지 많은 이들이 독서가 매우 중요한 자기계발의 도구라고 하고 그렇게 생각했고, 심지어 고대부터 독서는 보잘것없는 평범한 인간을 신화적인 영웅으로 성장시키는 비밀이었다고 했지만, 그 누구도 독서를 통해 영웅과 천재로 성장하기 위해 필요한 조건에 책의 양과 함께 시간이라는 요소가 있다는 사실을 생각조차 하지 않았을 것이다.

3년 독서의 법칙의 놀라움은 바로 여기에 있다. 3년을 전후로 많은 양의 독서를 할 경우 임계점을 돌파할 수 있게 되어 의식과 사고가 비약적인 도약을 하고 천재와 영웅의 반열에 오를 수 있는 위인으로 거듭나게 된다는 것이다. 독서의 임계점을 돌파한 적이 있는 사람의 진술을 들어보면 매우 흥미롭다.

> "일리아스의 가장 아름다운 구절을 읽을 때면 나는 내 영혼이 제한된 내 삶의 좁디좁은 환경 위로 두둥실 떠오르는 것을 느낀다. 나는 육체적 한계를 잊고 점점 더 높은 곳으로 올라간다. 가없이 드넓은 하늘이 나의 세계가 되는 것이다!"
>
> – 헬렌 켈러, 《헬렌 켈러 자서전》, 문예출판사, 146쪽

> "책은 인생에 가능성이 있다는 것을 보여주었습니다. 책은 세상에 저와 똑같은 사람들이 많이 있음을 알게 해주었고, 책은 저로 하여금 선망하는 사람들을 올려다볼 수만 있는 게 아니라, 그 자리에 오를 수도 있다는 사실을 보여주었지요. 책 읽기가 희망을 주었습니다. 저에겐 그것이 열린 문이었습니다. 책은 저만의 자유에 이르는 길이었습니다. 책을 통해 저는 미시시피의 농장 너머에는 정복해야 할 큰 세상이 있다는 것을 알게 되었습니다."
>
> – 오프라 윈프리, 《오프라 윈프리의 특별한 지혜》, 집사재, 285쪽

"3년 동안 1000권의 책을 읽으면 인생이 바뀐다는 것을… '인생이 바뀐다'는 말은 당연히 작가가 되는 길만을 의미하지 않는다. 마지막 1000권째 책을 덮는 날, 그(이문열)는 자신과 세상을 그 전과는 전혀 다른 눈으로 꿰뚫어볼 수 있다는 뜻이다. 이는 곧 전혀 다른 사람으로 다시 태어난다는 말이다."

– 〈전북일보〉, 이희중, '이희중의 문학편지', 2003.08.26일자

"철학자가 되고 싶은 소년(조지 소로스)이 있었다. 소년은 열두 살이 되던 해부터 철학고전을 읽었다. 비록 내용을 제대로 이해한 책도 끝까지 읽은 책도 거의 없었지만 소년은 철학고전 독서를 통해 사고의 수준을 비약적으로 향상할 수 있었다."

– 이재성, 《리딩으로 리드하라》, 차이정원, 107쪽

"《입법론》의 마지막 페이지를 덮었을 때, 나는 전혀 다른 사람으로 변해 있었다."

– 존 스튜어트 밀, 《존 스튜어트 밀 자서전》, 창

이처럼 누군가는 독서를 통해 사고의 수준이 비약적으로 도약하는 것을 느끼기도 하고, 너무나 눈이 부신 미래를 내다볼 수도 있게 되고, 자신과 세상을 전혀 다른 눈으로 꿰뚫어볼 수 있을 만큼 성장하기도 하고, 정복해야 할 더 큰 세상이 있다는 사실을 깨닫게 되기

도 하고, 자신의 장애를 완전히 의식적으로 벗어나 하늘로 솟아오르는 것과 같은 희열을 느끼기도 하고, 심지어는 전혀 다른 사람으로 변해 있는 것을 깨닫기도 한다. 바로 이 순간이 독서의 임계점을 돌파하는 순간이다.

그렇다면 어떻게 해야 이러한 임계점을 돌파하는 환희의 순간을 경험할 수 있을까? 그 원리는 무엇일까? 그 원리는 건강을 위해 운동하는 사람과 올림픽에 출전하기 위해 운동을 해야 하는 사람의 비유를 통해 쉽게 설명할 수 있다.

책을 읽는 것은 운동을 하는 것처럼 우리 마음을 살찌우는 마음의 양식이 된다. 그렇다면 우리가 건강을 위해 평생 꾸준히 30분씩 매일 운동을 하는 것은 정상적인 방법이다. 하지만 3년 후에 올림픽에 출전해야 할 선수가 이러한 방법을 고수하는 것은 큰 문제가 있다. 그런 선수는 3년 동안 집중적으로 하루에 열 시간 이상, 혹은 그 이상 운동을 해야 한다. 그래야 3년 후 올림픽에서 큰 성과를 얻게 된다. 3년 독서의 법칙도 이와 같은 이치다. 이 세상에는 꾸준히 운동을 함으로써 자신의 몸을 건강하게 관리하는 사람들이 많은 것처럼, 꾸준히 독서를 해서 자신의 교양을 높이고 마음과 정신을 건강하게 하고 지혜와 지식을 길어올리는 사람들이 많다. 하지만 이러한 독서로는 절대 단기간에 인생에 혁명을 일으킬 수가 없다. 인생의 전반전을 다 살고 후반전을 살고자 하는 사람들에게는 이러한 방법의 독서로는 인생 역전을 기대할 수가 없다.

1만 시간을 투자하라

"시간이야말로 인간의 지배자다. 인간을 살리기도 하고 죽이기도 한다." 고대 아테네의 전성기를 일구어낸 고대 그리스의 정치가이자 군인인 페리클레스가 한 말이다. 이 문장은 시간이야말로 우리 인간을 살리기도 하고 죽이기도 할 수 있는 인간의 통제자, 지배자라고 말하고 있다. 그 이유는 무엇일까? 그것은 우리가 시간을 어떻게 사용하고 통제하느냐에 따라 우리 자신을 성공하게도 만들 수 있고 실패하게도 만들 수 있기 때문이다.

절대적인 측면에서 볼 때 인간은 시간의 차원을 벗어나지 못하고 시간에 끌려다녀야 한다. 지금 이 시대라는 시간 속에 태어난 것도 언제가 생의 마지막 시간을 맞이해야 하는 것도 우리가 선택할 수 없다. 하지만 우리에게 주어진 시간을 우리가 무엇에 사용할 것인지, 그리고 시간을 얼마나 잘 사용할 것인지에 대해서는 우리가 통제하고 지배할 수 있다. 그리고 그렇게 할 수 있는 가장 좋은 도구 중에 하나는 우리가 스스로 만들기도 하고 저절로 생활 속에서 형성되기도 하는 습관이라고 할 수 있다.

> "우리가 반복적으로 하는 행동이 우리를 형성한다. 그러므로 위대함은 하나의 행동이 아니라 습관이다."

고대의 철학자 아리스토텔레스의 말이다. 고대 현인의 말에서 우리는 일상 속에 숨어 있는 1만 시간을 발견하고 그것을 3년 독서의 법칙에 투자할 수 있는 방법을 찾을 수 있지 않을까? 고대의 현인뿐만 아니라 현대 러시아의 대문호인 도스토옙스키는 "습관이란 인간으로 하여금 어떤 일이든 하게 만든다"라는 말을 통해 습관의 중요성을 일깨워주었다.

습관을 통해 인간은 어떤 일이든 할 수 있게 된다고 그들은 말한다. 그렇다면 우리는 습관의 힘을 이용하여 1만 시간을 투자할 수 있다고 생각해볼 수 있다.

필자가 오래 전부터 가지고 있는 여러 가지 노트 중에 가장 중요시하는 노트가 있다. 그 노트의 제목은 '잠언집'이다. 각 페이지마다 하나의 지혜에 대해 적고 간단한 설명을 덧붙여서 만들어가고 있는 하나밖에 없는 잠언집이다. 그래서 이 노트는 무엇보다 필자에게 귀중한 것이다. 마음이 혼란스러울 때 이 노트를 펼쳐서 읽게 되면 혼란스러운 마음은 순식간에 사라지고 지혜를 길러올릴 수 있다.

이 노트의 두 번째 페이지에 적혀 있는 내용을 소개하면 이렇다.

"두 번째 지혜 – 효율效率

세상의 모든 것들은 효율이 다르다.

같은 시간 수면을 해도, 훨씬 더 효율이 높은 시간대가 있다.

같은 시간 일을 해도 성과가 높은 시간이 있고, 성과가 낮은 시간이 있다.

인생을 두 배로 사는 비결은 효율이 높게 사는 것이다.

일찍 자고 일찍 일어나는 것은 수면 시간의 효율이 높은 생활 방식이고, 새벽에 글을 쓰는 것은 일의 효율을 높일 수 있고, 즐겁게 사는 것은 삶의 효율을 높일 수 있고, 남들이 가보지 않은 길을 가는 것은 성공과 실패의 효율을 둘 다 높일 수 있는 길이다."

필자는 이 두 번째 페이지를 적으면서 인생을 남들보다 두 배로 많이 사는 법을 익히게 되었고 지금은 그렇게 살고 있다. 하나의 습관이 되면 그때부터 힘이 들지 않고 효율은 더 증가하게 된다. 바쁜 일상생활 속에서 1만 시간을 투자하기 위해서는 아무리 좋은 계획이나 전략이 있다 해도 실천하지 않는다면 무용지물이다. 실천을 꾸준히 하기 위해 가장 중요한 것이 습관을 만드는 것이라고 생각한다.

우리의 일상에 가장 효율적인 계획을 세우고 그 계획에 따라 습관을 만들기만 한다면 5년을 전후로 1만 시간을 충분히 투자하고도 남을 것이라고 생각한다. 습관의 힘과 효율의 힘을 잘 이용한다면 우리는 인생을 두 배로 살 수 있다. 그렇게 할 수 있는 사람은 1만 시간을 투자해낼 수 있다.

필자의 부끄러운 과거에 비추어볼 때 도서관에 출근(?)을 시작한 후 계절이 열두 번 정도 바뀌고 나면 요령이 생기고 힘도 하나도 안 들면서 원하는 소기의 목적은 다 달성할 수 있는 시점에 이르게 된다. 이때부터 필자는 새벽 1시 정도에 잠을 자고 아침 8~9시에 일어났다. 그리고 10시 정도에 도서관에 가서 오후 3시 정도까지 책을 읽고 글을 썼다. 그렇게 습관을 들이고 살아가는 데도 낮에 잠이 오고 피곤한 것은 어쩔 수 없었다. 그렇게 살다가 어느 순간 변화의 큰 계기가 생겼다.

취침 시간을 새벽 1시에서 밤 11시로 바꾸었다. 그렇게 하자 새벽 5시 30분을 전후로 해서 일어나게 되고 그 시간부터 글을 쓰게 되었는데 너무나 놀라운 일이 벌어졌다. 물리적으로는 두 시간 정도 글을 쓴 것 같은데 보통 하루에 글을 쓰는 분량을 다 쓰고도 시간이 남았던 것이다.

필자는 뒤늦게 후회했다. 1년 정도를 너무나 아깝게 시간 낭비했던 것에 대해서 자신이 바보같이 느껴졌다. 왜 그렇게 인생을 낭비하며 살았는지 너무나 미련하게 느껴졌다. 그렇게 살았던 이유 중에 하나는 자만심이 아니었을까? 이렇게 느긋하게 살아도 잘살 수 있을 것이라는 자만심 말이다.

하루 여덟 시간씩 자면서, 오전 10시에 도서관에 도착하여 책을 읽고 글을 쓰고, 오후 3시에 돌아와서 육아와 집안일을 해도, 남들보다 더 빨리 더 많이 그리고 더 잘 글을 쓸 수 있다는 자만심! 이러한 자만심 때문에 필자는 아까운 1년을 낭비한 채 살아가는 어리석은 사람이 되었던 것이다.

《딸에게 보내는 편지》(문학동네)의 저자이자 시인이고 소설가이며 영화감독이면서 지금 이 시대 최고의 인물 중에 한 명으로 버락 오바마와 오프라 윈프리가 자신들의 멘토로 꼽는 사람인 마야 안젤루는 성공에 대해서 다음과 같이 말했다.

> "성공이란 당신 자신을 좋아하는 것이고, 당신이 하는 일을 좋아하는 것이고, 당신이 그 일을 하는 방식을 좋아하는 것이다."

하지만 나는 내가 글을 쓰는 (그 일을 하는) 방식을 좋아하지도 못했고, 그런 방식으로 살았던 나 자신도 좋아하지 못한 채 1년을 살았다. 이런 이유로 필자는 1년여의 실패한 삶을 살았다고 말할 수 있다. 이제는 일을 하는 방식을 좋아할 수 있을 만큼 과거보다 훨씬 더 효율적이고 나은 방식으로 일을 할 수 있게 되었다.

모든 사람에게 주어진 하루라는 시간은 똑같지만 얼마나 효율적으로 자신의 삶을 습관 들이느냐에 따라 누구는 48시간을 살아갈 수 있고, 또 다른 누구는 24시간도 다 활용하지 못한 채 살아갈 수도 있다.

자신의 삶을 통제하기 시작하면 1만 시간을 투자하는 것도 힘들지 않다. 우리가 1만 시간을 투자해야 하는 것은 우리의 삶이 이 세상에서 가장 정직한 것이라고 믿기 때문이다. 하루하루 대충대충 사는 사람의 미래는 지금의 그와 같다. 하지만 하루하루 효율적으로 사는 사람 그리고 1만 시간을 투자하며 사는 사람에게 우리의 삶은 그에 상응하는 보상을 반드시 해준다.

누구나 다 천재성을 가지고 태어나지만 그것을 제대로 꽃 피울 수 있는 사람은 1만 시간을 투자하여 자신을 갈고 닦는 사람이다. 이런 점에서 우리는 모두 천리마千里馬의 운명을 가지고 태어난 사람들이다. 천리마와 관련된 이야기를 하나 소개하고자 한다.

중국 춘추시대 진 나라 사람 중에 손양이라는 이름을 가진 백락이란 사람에 대한 이야기 중에 하나이다. '백락伯樂'이란 이름은 원래 '말을 주관하는 별'이라는 뜻이었지만, 손양이란 사람이 생김새만으로 말의 능력을 잘 파악하는 재주가 있어서, 사람들이 그의 재주를 토대로 하여, 그를 부르게 된 이름이다. 백락이라는 이름과 관련된 고사성어들이 적지 아니한데 그 이유는 바로 천리마와 같은 명마를 잘 알아보는 것이 세상사에 있어서 성공과 실패에 큰 영향을 미치기 때문이다. 천리마로서는 무엇보다 자신을 알아봐주는 혜안을 가진 주인을 만나느냐 못 만나느냐 하는 것이 자신이 평범한 말로 평생 살아가다가 죽느냐 천리마로 거듭나서 명예롭게 최고로 멋진 삶을 살다가 가느냐 하는 것을 결정짓기 때문이기도 하다.

백락이 하루는 진나라 임금에게 바칠 천리마를 찾기 위해 전국을 헤매고 다니면서 어느 작은 마을을 지나게 되었다고 한다. 이 넓은 세상에는 천리마와 같은 명마들이 많았지만 대부분의 명마들은 자신을 알아봐주지 못하는 주인을 만나서 평범한 말로 살면서 수레나 끌다가 늙어 죽게 된다고 한다. 백락도 이러한 사실을 잘 알기 때문에 좋은 말을 찾는 것에 큰 기쁨과 함께 사명감을 느끼고 있었다. 그런데 그 작은 마을을 지나칠 때 어디선가 말의 울음소리가 들려 왔다. 그는 큰 기대감을 가지고 기쁨이 충만하여 소리 나는 곳을 향해 엄청난 속도로 달려갔다. 하지만 백락은 천리마의 울음소리를 낸 말을 보고 너무나 큰 충격을 받을 수밖에 없었다. 그 말은 천리마가 아닌 소금 수레를 끌고 가는 늙은 말에 불과하였기 때문이다. 백락은 자기의 귀를 의심하지 않을 수 없었다. 분명 우렁차고 기개 있는 명마의 울음소리를 들었기 때문이다.

그래도 백락은 실망하지 않고 가까이 가서 그 말을 살펴보았다. 말을 찬찬히 살펴본 백락은 큰 안타까움을 느꼈다. 너무나도 좋은 천리마의 재능을 타고 태어난 명마였지만 주인은 명마의 재능과 기량을 알아보지 못하고, 평생 소금 수레를 끄는 말로 살게 했기 때문이다. 아침 일찍 눈만 뜨면 소금 수레를 끌어야 하는 현실에 찌든 천리마는 이미 그러한 현실에 적응이 되어 천리마로서의 기세를 다 잃어버렸던 것이다. 평생 주인의 고함과 채찍질에 천리마로서의 기개가 꺾이고, 자신의 재능을 몰라주었던 주인 때문에 천리마였음에도 천리마로 살지 못했던 것이다.

천리마는 무엇보다 한 번에 곡식 한 섬을 먹어야만 한다. 그래야만 천 리를 내달릴 수 있는 에너지와 기개가 살아나기 때문이다. 하지만 천리마를 못 알아본 주인은 한 번도 천리마가 양껏 먹을 수 있도록 곡식을 내주지 않았다. 이러한 환경 속에서 천리마는 그저 평범한 말로 평생을 살다 아까운 생을 마감할 수밖에 없었다. 백락은 너무나 안타까운 마음에 백 년에 한번 나올까 말까 한 천리마의 머리를 붙잡고 목을 놓아 통곡했다고 한다.

이 이야기를 통해 배워야 할 점은 우리 모두는 천리마라는 점을 명심해야 한다는 것과 천리마를 천리마로 살게 하기 위해서는 한 번에 곡식 한 섬을 먹어야만 한다는 것이다. 한 번에 곡식 한 섬을 먹어야만 천 리를 내달릴 수 있는 천리마의 특성처럼 우리 모두는 1만 시간을 투자해야 세상에 우리의 재능을 드러낼 수 있는 천재로 변신하게 된다.

당신은 꼭 필요한 사람인가라는 질문을 던지고 있는《린치핀》(21세기북스)의 저자이며 세계에서 가장 영향력 있는 리마커블한 경영 구루인 세스 고딘은 우리에게 말한다.

"당신 안에는 타고난 천재성이 잠들어 있다. 당신의 공헌은 가치 있고, 당신이 창조한 예술 또한 값지다. 오직 당신만이 할 수 있는 일이며, 또한 당신이 반드시 해야 하는 일이다. 지금 당장 일어나 선택하라. 차이를 만들어보자. 우리 주변에는 지금보다 훨씬 더 나은 삶을 만들 수 있는 기회들이 널려 있다."

그가 말한 더 나은 삶을 만들 수 있는 최고의 기회는 바로 우리 일상에 숨어 있는 1만 시간을 투자하는 것이다. 대체 불가, 모방 불가, 측정 불가의 재능을 가지고 있는 거인 린치핀이 되기 위해서 우리에게 필요한 것은 가장 효율적이고 확실한 성공의 법칙에 1만 시간을 투자하는 것이다. 우리는 모두 천재이며 거인이다. 다만 세상에 휩쓸려 정신없이 살다가 자신의 천재성을 발견할 기회를 놓쳤을 뿐이다. 3년 독서의 법칙이 다시 그 기회를 당신에게 제공해주는 마지막 성공의 기회이다. 그러므로 1만 시간을 투자하자.

"그럭저럭 대충대충 살아도 한 세상, 최선을 다해 열정적으로 살아도 한 세상이지요. 어떤 자세로 살아갈지는 자신의 결정이고, 그 결과도 자신이 몫입니다. 하지만 기왕이면 장인처럼 살아가는 게 자기 삶에 대한 진정한 예의라고 생각합니다."

– 공병호, 《공병호의 일취월장》, 해냄, 119쪽

1만 시간을 투자하면서 최선을 다해 열정적으로 살아갈지 아닐지는 자신의 결정이고 그 결과도 자신의 몫인 것은 분명하다. 하지만 기왕이면 최선을 다해 살아가는 것이 자기 삶에 대한 진정한 예의가 아닐까? 그런 점에서 1만 시간을 투자한다는 것은 자신의 삶에 대해 1만 번 감사한다는 것과 같다.

자기에게 주어진 삶에 대해 최소한 1만 시간을 투자해보았노라고 떳떳하게 말할 수 있는 사람이 되어야 한다. 그것이 삶에 대한 우리의 올바른 자세여야 한다고 필자는 생각한다.

에필로그

독서는 우리를 결코 배신하지 않는다

"5분만 시간을 주십시오. 책을 다 읽지 못했습니다." 안중근은 죽음 직전에도 독서에 대한 열정을 유감없이 보여주었다. 그리고 지금은 독서를 권장하는 대표적인 역사 인물로 우리 가슴 속에 영원히 존재하고 있다. 독서는 결코 우리를 배신하지 않는다. 독서를 절대 포기하지 말라.

중국의 주나라 때부터 송나라 때에 이르기까지 주옥 같은 고시古詩와 고문古文을 모아놓은 《고문진보》(황견 편, 을유문화사)의 전집에는 다양한 위인들의 '권학문勸學文' 여덟 편이 소개되어 있다. 여덟 편 중에서 필자의 가슴에 오랫동안 새겨져 있는 송나라 때의 개혁 정치가인 왕안석과 진종황제의 권학문을 소개한다.

"독서에는 큰 비용이 들지 않고
독서를 하면 만 배의 이익이 생긴다.

책은 관리들에게 재주를 더해 주고
책은 군자에게 지혜를 더해 준다.

돈이 생기면 곧 서재를 짓고
돈이 없으면 도서관에 가서 책을 읽어라.

가난한 사람은 책으로 인하여 부유해지고
부유한 자는 책으로 인하여 귀해진다.

어리석은 사람은 책을 얻어 현명해지고
현명한 자는 책으로 인하여 이로워진다.

책 읽어 영화를 누리는 것은 보았어도
책 읽어 실패하는 사람은 보지 못했다.

황금을 팔아 책을 사서 읽어라.
책을 읽으면 더 많은 황금을 쉽게 살 수 있다."

– 왕안석의 '권학문'을 현대에 맞게 일부 수정

"부유하게 되려고 좋은 밭 살 필요 없다.
책 속에 저절로 천종의 곡식이 들어 있다.

편안히 살려고 큰 집을 지을 필요 없다.
책 속에 저절로 화려한 큰 집이 들어 있다.

외출할 때 따르는 사람 없다 한탄 마라.
책 속에 수레와 말이 떨기처럼 많이 있다.

장가 갈 때 아름다운 여자 없다 한탄 마라.
책 속에 옥 같은 예쁜 여자가 있다.

사람이 평생 뜻을 이루고자 한다면
많은 책을 부지런히 읽어야 한다."

– 진종황제의 '권학문'을 현대에 맞게 일부 수정

책을 읽는다는 것은 수만 가지 값비싼 보물들로 가득 차 있는 보물 창고에 빈 가방을 잔뜩 메고 들어가는 것과 같다. 얼마나 수지맞는 장사인가? 인생에서 책을 읽지 않는 것보다 더 큰 손해를 보는 장사가 또 있을까? 삶의 특권인 책을 늘 가까이 하고 책을 읽어 자신의 인생을 바꾸고 나라를 바꾸는 우리 모두가 되자.

American Government

부록

1만 권 김병완 작가의 추천 도서 1000권

"누구든 유익하고 재미있는 책을 한 시간 동안 읽는다면
반드시 더 나은 존재가 되고, 더 행복해질 것이다."

_ 존 러벅(영국 인류학자)

1. 독서 초보와 독서 지도를 위한 도서

☆★독서 초보를 위한 추천 도서 10권

1. 책읽기의 즐거움 I 다이애나 홍, 김영사
2. 2주에 1권 책 읽기 I 윤성화, 더난출판사
3. 맛있게 책 읽기 I 이용 외, 경향미디어
4. 독서의 이유 I 신동기, 지식공작소
5. 독서 천재가 된 홍대리 I 이지성, 다산라이프
6. 오직 읽기만 하는 바보 I 김병완, 브레인스토어
7. 서른살 직장인 책읽기를 배우다 I 구본준 외, 위즈덤하우스
8. 독서법부터 바꿔라 I 기성준, 북씽크
9. 독서법도 모르면서 책을 읽는 사람들 I 진낙식, 지식과감성
10. 교양인의 행복한 책읽기 I 정제원, 베이직북스

☆★독서 지도를 위한 추천 도서 10권

1. 내 아이를 책의 바다로 이끄는 법 I 임사라, 비룡소
2. 엄마가 어떻게 독서 지도를 할까 I 남미영. 대교출판
3. 초등 출력 독서 I 이정균, 글라이더
4. 아침 독서 10분이 공부하는 아이를 만든다 I 이미현, Tenbook
5. 거꾸로 접근하는 베짱이 지혜독서 I 김영자, 성림
6. 초등 고전 읽기 혁명 I 송재환, 글담출판
7. 내 아이를 위한 독서 비타민 I 히구치 유이치, 문학수첩리틀북스
8. 아침 독서 5분 I 파멜라 에스페랜드 외, 엘데른
9. 창의적인 독서지도 77가지 I 독서지도연구모임, 해오름
10. 독서 지도의 정석 I 가톨릭대학교 우석독서교육연구, 글로연

☆★독서 고수가 꼭 읽어야 할 추천 도서 10권

1. 1시간에 1권 퀀텀 독서법 | 김병완, 청림출판
2. 1만 권 독서법 | 인나미 아쓰시, 위즈덤하우스
3. 1년 만에 기억력 천재가 된 남자 | 조슈아 포어, 갤리온
4. 이동진 독서법 | 이동진, 예담
5. 정민 선생님이 들려주는 고전 독서법 | 정민, 보림
6. 독서독본 | 김삼웅, 현암사
7. 책은 도끼다 | 박웅현, 북하우스
8. 김병완의 초의식 독서법 | 김병완, 아템포
9. 다산의 독서 전략 | 권영식, 글라이더
10. 세계 명문가의 독서교육 | 최효찬, 예담Friend

2. 분야별 추천 도서

☆★인문 · 고전을 읽어보고 싶은 이들을 위한 추천 도서 50권

1. 군주론 | 마키아벨리
2. 장자 | 장자
3. 국부론 | 애덤 스미스
4. 멕베드 | 윌리엄 셰익스피어
5. 철학적 탐구 | 루트비히 비트겐슈타인
6. 변신이야기 | 오비디우스
7. 감시와 처벌 | 미셸 푸코
8. 로마제국쇠망사 | 에드워드 기번
9. 혁명의 시대 | 에릭 홉스봄, 한길사
10. 오리엔탈리즘 | 에드워드 사이드, 교보문고
11. 펠로폰네소스 전쟁사 | 투퀴디데스

12. 크리톤 | 플라톤

13. 소크라테스의 변명 | 플라톤

14. 갈리아 전기 | 율리우스 카이사르

15. 자본론 | 카를 마르크스

16. 삼국유사 | 일연

17. 삼국사기 | 김부식

18. 신곡 | 단테 알리기에리

19. 맹자 | 맹자

20. 논어 | 공자

21. 다산산문선 | 정약용

22. 나는 장자다 | 왕멍, 들녘

23. 고백록 | 아우구스티누스

24. 장자, 쓸모없는 나무도 쓸모가 있다 | 차경남, 글라이더

25. 공자 인생강의 | 바오펑산, 시공사

26. 사기 강의: 한무제 편 | 왕리췬, 김영사

27. 파우스트 | 요한 볼프강 폰 괴테

28. 월든 | 헨리 데이비드 소로우

29. 까라마조프 가의 형제들 | 표도르 도스토옙스키

30. 방법서설 | 르네 데카르트

31. 참회록 | 장 자크 루소

32. 몽테뉴 수상록 | 몽테뉴

33. 시학 | 아리스토텔레스

34. 소포클레스 비극 | 소포클레스, 도서출판숲

35. 손자병법 | 손무

36. 실낙원 | 존 밀턴

37. 에밀 | 장 자크 루소

38. 부활 | 레프 톨스토이

39. 소유냐 삶이냐 | 에리히 프롬

40. 난중일기 | 이순신

41. 리바이어던 | 토머스 홉스

42. 열자 | 열자

43. 금오신화 | 김시습

44. 묵자 | 묵적

45. 키케로의 의무론 | 키케로

46. 니코마코스 윤리학 | 아리스토텔레스

47. 도덕 계보학 | 프리드리히 니체

48. 플루타르크 영웅전 | 플루타르코스

49. 플라톤의 프로타고라스/라케스/메논 | 플라톤

50. 안티고네 | 소포클레스

☆★소설을 좋아하는 당신을 위한 추천 도서 30권

1. 카인의 후예 | 황순원, 현대문학

2. 토지 | 박경리, 마로니에북스

3. 인간시장 | 김홍신, 해냄

4. 보바리 부인 | 귀스타브 플로베르

5. 파리대왕 | 윌리엄 골딩

6. 사람의 아들 | 이문열, 민음사

7. 손님 | 황석영, 창비

8. 연금술사 | 파울로 코엘료, 문학동네

9. 칼의 노래 | 김훈, 문학동네

10. 무기여 잘 있거라 | 어니스트 헤밍웨이

11. 율리시스 | 제임스 조이스

12. 심판 | 프란츠 카프카

13. 인간의 조건 | 앙드레 말로

14. 살인의 해석 | 제드 러벤펠드, 비채

15. 호밀밭의 파수꾼 | J. D. 샐린저

16. 분노의 포도 | 존 스타인벡

17. 내일이 오면 | 시드니 셀던

18. 주홍글씨 | 나사니엘 호손

19. 이방인 | 알베르 카뮈

20. 캉디드 | 볼테르

21. 장미의 이름 | 움베르토 에코, 열린책들

22. 브리다 | 파울로 코엘료, 문학동네

23. 그림자 도둑 | 마크 레비, 열림원

24. 양철북 | 귄터 그라스

25. 꿈의 도시 | 오쿠다 히데오, 은행나무

26. 고도를 기다리며 | 사뮈엘 베케트

27. 꾸뻬 씨의 우정 여행 | 프랑수아 를로르, 열림원

28. 파라다이스 | 토니 모리슨, 들녘

29. 아Q정전 | 루쉰

30. 크로이체르 소나타 | 레프 톨스토이

☆★성공에 가까워지는 '성공 도서' 100권

1. 몰입 | 황농문, 알에이치코리아

2. 평범했던 그 친구는 어떻게 성공했을까? | 토마스 A. 슈웨이크, 위즈덤하우스

3. 심리학, 성공의 비밀을 말하다 | 주디스 L. 조이스, 더숲

4. 한국인 성공의 조건 | 한근태, 위즈덤하우스

5. 끌어당김의 법칙 | 마이클 로지에, 웅진윙스

6. 승자의 조건 | 릭 피티노, 현대미디어

7. 혼자 힘으로 백만장자가 된 사람들의 21가지 원칙 | 브라이언 트레이시, 인디북

8. 나폴레온 힐 성공의 법칙 | 나폴레온 힐, 중앙경제평론사

9. 실패의 힘 | 스티븐 브라운, 엘도라도

10. 잘되는 사람은 무슨 생각을 하며 살까? | 허산, 새론북스

11. 생각대로 된다 | 노먼 빈센트 필, 21세기북스

12. 뜻한 대로 된다 | 노먼빈센트 필. 21세기북스

13. 성공의 정석 | 존 맥그라, 다밋

14. '안 된다'는 생각을 깨뜨리는 12가지 심리 법칙 | 토마스 바샵, 예지

15. 몰입의 경영 | 미하이 칙센트미하이, 민음인

16. 생각을 뒤집어라 | 폴 아덴, 김앤김북스

17. 장자, 성공을 말하다 | 김창일, 흐름출판

18. 죽도록 일하지 않고 성공하는 법 | 로버트 크리겔, 한스미디어

19. 말 못하는 사람이 성공도 못한다 | 시부야 쇼조, 문사미디어

20. 덴쓰의 성공 10법칙 | 우에다 마사야, 이지북

21. 개구리 성공학 | 달시 레자크 외, 지식더미

22. 실패의 힘 | 찰스 C. 만즈, 예문

23. 성공 주문을 걸어라 | 피터 콜웰, 호이테북스

24. 바보들은 알면서도 실패한다 | 편집부, 화담

25. 마시멜로 이야기 | 호아킴 데 포사다, 한국경제신문사

26. 이기는 습관 | 전옥표, 쌤앤파커스

27. 맥스웰 몰츠 성공의 법칙 | 맥스웰 몰츠, 비즈니스북스

28. 성공적 삶을 위한 인간관계론 | 차대운 외, 대명

29. 50번째 법칙 | 로버트 그린, 살림Biz

30. 성공학의 역사 | 정해윤, 살림

31. 성공의 길은 내 안에 있다 | 이숙영, 살림

32. 정상에서 만납시다 | 지그 지글러, 산수야

33. 거인의 힘 무한능력 | 앤서니 라빈스, 씨앗을뿌리는사람

34. 성공의 열쇠는 적성이나 재능이 아니라 집중력이다 | 세론 Q. 듀몬, 북뱅크

35. 인생의 7막 7장 연출법 성공노트 77 | 데이빗 김, 해피앤북스

36. 생각의 힘 | 노먼 빈센트 필, 규장문화사

37. 개인 브랜드 성공 전략 | 신병철, 살림

38. 성공 키워드 12 | 케빈 호건 외, 세종서적

39. 실패를 감추는 사람, 실패를 살리는 사람 | 하타무라 요타로, 세종서적

40. 부 지혜 성공의 법칙 | 존 맥도널드, 시사문화사

41. 유쾌한 역발상 73가지 | 구츠와다 타카후미, 모색

42. 적극적 사고방식 | 노만 V. 필, 지성문화사

43. 폰더 씨의 위대한 하루 | 앤디 앤드루스, 세종서적

44. 유대인 기적의 성공비밀 | 김욱, 지훈

45. 성공하는 사람들의 7가지 습관 | 스티븐 코비, 김영사

46. 세상을 움직이는 8가지 법칙 | 한창욱, 새론북스

47. 명쾌통쾌 성공학 | 성리화, 스마트비즈니스

48. 좋은 성공 | 김승남, 조은북스

49. 일 잘하는 당신이 성공을 못하는 20가지 비밀 | 마셜 골드스미스, 리더스북

50. 펄떡이는 물고기처럼 | 존 크리스텐슨 외, 한언출판사

51. 신념의 마력 | 클라우드 M. 브리스톨, 지성문화사

52. 실패한 사람들은 말의 8할이 부정이다 | 프란체스코 알베로니, 스마트비즈니스

53. 대시 | 에릭 아론슨, 소소

54. 오리진이 되라 | 강신장, 쌤앤파커스

55. 30대, 평생 일자리에 목숨 걸어라 | 김상훈 외, 위즈덤하우스

56. 성공을 예감하라 | 조셉 존슨, 하늘아래

57. 50번째 법칙 | 로버트 그린 외, 살림

58. 즐기면서 성공한다 | 레이첼 브리지, 지식의창

59. 골든 티켓 | 브렌든 버처드, 웅진윙스

60. 밀리언 달러 티켓 | 리처드 파크 코독, 마젤란

61. 쓰고 상상하고 실행하라 | 문준호, 21세기북스

62. 성공하는 시간관리와 인생관리를 위한 10가지 자연법칙 | 하이럼 W. 스미스, 김영사

63. 느리게 성공하기 | 김희정, 럭스미디어

64. 고전에서 찾은 서른의 성공 마흔의 지혜 | 김원중, 위즈덤하우스

65. 운명을 만드는 절제의 성공학 | 미즈노 남보쿠, 바람

66. 간절함이 답이다 | 윤태익, 살림Biz

67. 마흔 이후에 성공한 사람들 | 알랜 주로, 수린재

68. 더 단순하게 살아라 | 로타르 J. 자이베르트, 좋은생각

69. 마법의 5년 | 문준호, 아라크네

70. 워렌 버핏처럼 부자되고 반기문처럼 성공하라 | 서정명, 무한

71. 즐겨야 이긴다 | 앤드류 매튜스, 북라인

72. 하버드 인텔리전스 | 빌 머피 주니어, 비즈니스맵

73. 두뇌 사용설명서 | 다카하시 게이지, 씨앗을뿌리는사람

74. 성공하는 사람은 생각이 다르다 | 김양호, 비전코리아

75. 천재가 된 제롬 | 에란 카츠, 황금가지

76. 잠자면서 성공한다 | 조셉 머피, 선영사

77. OFF학 | 오마에 겐이치, 에버리치홀딩스

78. 성공을 부르는 긍정의 힘 | 사토 도미오, 솔과학

79. 성공은 바보다 | 고환택, 북갤러리

80. 생각을 바꾸면 인생이 바뀐다 | 폴 매코믹, 뜰

81. 백만불짜리 습관 | 브라이언 트레이시, 용오름

82. 행동하라! 성공이 온다 | 나폴레온 힐, 중앙경제평론사

83. 위대한 잠재력 | 커트 W. 모텐슨, 더난출판사

84. 목표 없이 성공하라 | 히라모토 아키오, 리더&리더

85. 성공한 사람들은 말의 절반이 칭찬이다 | 프란체스코 알베로니, 스마트비즈니스

86. 숫자로 생각하는 사람이 성공한다 | 야하기 세이치로, 매일경제신문사

87. 성서 속의 시크릿 | 플로렌스 S. 쉰, 열린숲

88. 성격을 바꾸면 성공이 보인다 | 전성일, 미래북

89. 존 그레이 성공의 기술 | 존 그레이, 나비효과

90. 적극적 사고방식 | 로버트 슐러, 태인문화사

91. 저글링 | 이안 샌더스, 한문화

92. 이기는 사람들의 게임의 법칙 | 쑤춘리, 시그마북스

93. 성공한 사람들은 스스로 멘토가 된다 | 피오나 해롤드, 지상사

94. 골든 룰 | 시마즈 고이치, 나라원

95. 딱 1시간만 미쳐라 | 데이브 라카니, 동아일보사

96. 부와 행복의 놀라운 성공법칙 28가지 | 샌드라 앤 테일러, 기원전

97. 성공과 실패를 가르는 1%의 생각 차이 | 하오즈, 해토

98. 효율적으로 일하고 크게 성공하는 법 | 리앙즈, 황금책방

99. 안목의 힘 | 토조 대첸커리 외, 하늘눈

100. 크리에이트 석세스 | 에프런 테일러, 오늘의책

☆★무조건 행복해지는 '행복 도서' 50권

1. 행복창조의 비밀 | 제리&에더스 힉스, 나비랑북스
2. How to be happy | 소냐 류보머스키, 지식노마드
3. 옵티미스트 | 채정호, 매일경제신문사
4. 삶이라는 무게로부터 가벼워지는 기술 | 기렐라 크레머, 스마트비즈니스
5. 행복한 청소부 | 모니카 페트, 풀빛
6. 행복의 정복 | 버트런드 러셀, 사회평론
7. 해피노믹스 | 신동기, 엘도라도
8. 모나리자 미소의 법칙 | 에드 디너 외, 21세기북스
9. 행복은 철학이다 | 에이나 외버렝겟, 꽃삽
10. 인생을 즐겁게 사는 법 | 요시히코 모로토미, 리드북
11. 내 삶에 수놓을 행복 이야기 | 김안식, 예솔
12. 길에서 만난 행복 | 루이스 알렉산드레 솔다누 로씨, 바오로딸
13. 행복하려면 성공하지 마라 | 페터 오르토퍼, 대원사
14. 지금 이 순간을 살아라 | 에크하르트 톨레, 양문
15. 행복하다고 말하면 진짜 행복해진다 | 사토 도미오, 북폴리오
16. 100만 번 산 고양이 | 사노 요코, 비룡소
17. 절망하지 말고 인생의 페이지를 넘겨라 | 바바라 베르크한, 도솔
18. 이유 없이 행복하라 | 마시 시모프 외, 황금가지
19. 영혼을 위한 닭고기 수프 | 잭 캔필드 외, 지식프레임
20. 완전한 행복 | 마틴 셀리그만, 물푸레
21. 행복의 해부 | 헬렌 S. 정, 작가서재
22. 행복에 걸려 비틀거리다 | 대니얼 길버트, 김영사
23. 디퍼 시크릿 | 안네마리 포스트마, 금토
24. 행복 전 | 최윤희, 나무생각

25. 게으름의 행복 | 프레드 그랫즌, 북노마드

26. 하루 30분, 행복찾기 | 최복현, 폴라리스

27. 털없는 원숭이의 행복론 | 데즈먼드 모리스, 까치

28. 행복에 대한 거의 모든 것들 | 스튜어트 매크리디, 휴머니스트

29. 존 템플턴의 행복론 | 존 템플턴, 굿모닝북스

30. 지금 행복해야 행복한 거야 | 손기원, 지혜미디어

31. 행복의 조건 | 조지 베일런트, 프런티어

32. 행복한 사람들의 9가지 비밀 | 릭 포스터 외, 미담

33. 행복의 비밀 | 애덤 잭슨, 씽크뱅크

34. 행복은 빈자리로 온다 | 송진구 외, 책이있는마을

35. 삶에서 가장 즐거운 것 | 존 러벅, 문예출판사

36. 행복도 선택이다 | 이민규, 더난출판사

37. 행복을 내일로 미루는 바보 | 로버트 홀든, 지식노마드

38. 알랭의 행복론 | 알랭, 디오네

39. 행복 | 리즈 호가드, 예담

40. 행복에 목숨 걸지 마라 | 리처드 칼슨, 한국경제신문

41. 행복은 혼자 오지 않는다 | 에카르트 폰 히르슈하우젠, 은행나무

42. 행복이란, 찾으면 보이는 것 | 장경동, 아라크네

43. 행복하게 성공하라 | 조영탁 외, 지혜정원

44. 행복한 가족의 8가지 조건 | 스콧 할츠만 외, 랜덤하우스코리아

45. 장자에게 배우는 행복한 인생의 조건 | 이인호, 새빛에듀넷

46. 행복의 공식 | 슈테판 클라인, 웅진지식하우스

47. 9가지 행복 | 데이비드 레온하트, 느낌이있는책

48. 법륜 스님의 행복 | 법륜, 나무의마음

49. 꾸뻬 씨의 행복 여행 | 프랑수아 를로르, 오래된미래

50. 살아있는 동안 꼭 생각해야 할 19가지 | 라이너 루핑, 21세기북스

☆★경제 · 경영 · 국제 · 사회 · 정치가 알고 싶은 이들을 위한 추천 도서 50권

1. 제3의 물결 | 앨빈 토플러, 홍신문화사
2. 권력이동 | 앨빈 토플러, 한국경제신문사
3. 세스 고딘 보고서 | 세스 고딘, 나무생각
4. 아웃라이어 | 말콤 글래드웰, 김영사
5. 탤런트 코드 | 대니얼 코일, 웅진지식하우스
6. 빌게이츠@생각의 속도 | 빌 게이츠, 청림출판
7. 블루 오션 전략 | 김위찬 외, 교보문고
8. 경제학 콘서트 | 팀 하포드, 웅진지식하우스
9. 넛지 | 리처드 H. 탈러 외, 리더스북
10. 겅호! | 켄 블랜차드 외, 21세기북스
11. 펄떡이는 물고기처럼 | 존 크리스텐슨 외, 한언출판사
12. 바보들은 항상 결심만 한다 | 팻 맥라건, 예문
13. 세계는 평평하다 | 토머스 L. 프리드먼, 창해
14. 카스피해 에너지 전쟁 | 이장규 외, 올림
15. 톰 피터스의 미래를 경영하라! | 톰 피터스, 21세기북스
16. 성장과 혁신 | 클레이튼 M. 크리스텐슨 외, 세종서적
17. 피터 드러커의 자기경영노트 | 피터 드러커, 한국경제신문
18. 부의 기원 | 에릭 바인하커, 랜덤하우스코리아
19. 아이코노클라스트 | 그레고리 번스, 비즈니스맵
20. 디지로그 | 이어령, 생각의나무
21. 글로벌 경제의 위기와 미국 | 로버트 루빈 외, 지식의날개
22. 개인 대 국가 | 허버트 스펜서, 이책

23. 린치핀 | 세스 고딘, 21세기북스

24. 더 딥 | 세스 고딘, 재인

25. 사우스 웨스트 방식 | 조디 호퍼 기텔, 물푸레

26. 클러치 | 폴 설리번, 중앙books

27. 퍼스널 마케팅 | 필립 코틀러 외, 위너스북

28. 내가 상상하면 현실이 된다 | 리처드 브랜슨, 리더스북

29. 리틀 빅 씽 | 톰 피터스, 더난출판사

30. 고객 체험의 경제학 | B. 조지프 파인 2세 외, 세종서적

31. 디테일의 힘 2 | 왕중추, 올림

32. 성공하는 기업들의 8가지 습관 | 짐 콜린스 외, 김영사

33. 권력의 병리학 | 폴 파머, 후마니타스

34. 미국민중사 | 하워드 진, 이후

35. 코드 그린 | 토머스 L.프리드먼, 21세기북스

36. 기후 커넥션 | 로이 W.스펜서, 비아북

37. 하룻밤에 읽는 경제학 | 마르크 몽투세 외, 랜덤하우스코리아

38. 거시경제학 | 그레고리 맨큐, 시그마프레스

39. 매슬로에게 경영을 묻다 | 칩 콘리, 비즈니스맵

40. 플랫폼 제국의 미래 | 스콧 갤러웨이, 비즈니스북스

41. 일의 발견 | 조안 B. 시울라, 다우출판사

42. 마쓰시타 고노스케, 길을 열다 | 마쓰시타 고노스케, 청림출판

43. 스토리텔링으로 배우는 경영전략 워크북 | 가와세 마코토, 케이펍

44. 세상은 2대 8로 돌아가고 돈은 긴꼬리가 만든다 | 황샤오린 외, 더숲

45. 인간의 길, 10대가 묻고 고전이 답하다 | 송용구, 글라이더

46. 하버드 경제학 | 천진, 에쎄

47. 1분 경영수업 | 켄 블랜차드 외, 랜덤하우스코리아

48. 세상을 움직이는 100가지 법칙 | 이영직. 스마트비즈니스

49. 촘스키, 세상의 권력을 말하다 | 노엄 촘스키, 시대의창

50. 정치가 우선한다 | 셰리 버먼, 후마니타스

☆★삶의 길을 묻는 이들을 위한 추천 도서 50권

1. 삶에서 가장 중요한 것 | 존 러벅, 문예출판사
2. 삶의 길 흰구름의 길 | 오쇼 라즈니쉬, 청아출판사
3. 철학 | 요하임 가르츠, 혜원출판사
4. 사회적 인간의 본성 | 이성록, 미디어숲
5. 인생에 힘이 되는 지혜와 통찰 | 장원철, 브리즈
6. 세상을 살아가는 지혜 | B. 그라시안, 동해
7. 끝없는 추구 | 덱스터 예거 외, 나라
8. 제임스 앨런의 생각의 지혜 | 제임스 앨런, 물푸레
9. 훌륭한 인생에 관한 여섯 개의 신화 | 조엘 J. 쿠퍼먼, 황소자리
10. 인생을 바꾸는 마음의 발견 | 마를린 조지, 영원
11. 지식인을 위한 변명 | 장 폴 사르트르, 이학사
12. 목적이 이끄는 삶 | 릭 워렌, 디모데
13. 파리대왕 | 윌리엄 골딩
14. 체 게바라 평전 | 장 코르미에, 실천문학사
15. 인간의 굴레 | 서머싯 몸
16. 내 영혼을 담은 인생의 사계절 | 짐 론, 더블유북
17. 삶의 진실에 대하여 | 지두 크리슈나무르티, 까치
18. 젊은이여 어떻게 살 것인가 | 안병욱 외, 문학출판사
19. 우리를 영원케 하는 것은 | 유안진, 자유문학사
20. 자기로부터의 혁명 | 지두 크리슈나무르티, 범우사

21. 내 아들아 너는 인생을 이렇게 살아라 | 필립 체스터필드, 을유문화사
22. 마음을 열어주는 101가지 이야기 | 잭 캔필드 외, 이레
23. 살아 있는 동안 꼭 해야 할 49가지 | 탄줘잉, 위즈덤하우스
24. 인생 수업 | 엘리자베스 퀴블러 로스 외, 이레
25. 인생을 최고로 사는 지혜 | 새뮤얼 스마일즈, 비즈니스북스
26. 인생의 목적 | 할 어반, 더난출판사
27. 인생지혜 | 이즈미 가즈유키, 시아출판사
28. 깨달음의 열쇠 | 베니스 J. 블러드워스, 지원북클럽
29. 지금 이 순간 | 디트리히 그뢰네마이어, 청년정신
30. 내 인생을 바꾼 한 권의 책 2 | 박경철 외, 리더스북
31. 카네기 인간경영 리더십 | 최염순, 씨앗을뿌리는사람
32. 내 인생 최고의 명언 | 알렉스 로비라, 청림출판
33. 인생 백 년을 읽는 한 권의 책 | 안길환, 한림원
34. 채근담 | 홍자성
35. 인생이란 무엇인가 | 레프 톨스토이
36. 30년 만의 휴식 | 이무석, 비전과리더십
37. 너무 일찍 나이 들어버린 너무 늦게 깨달아버린 | 고든 리빙스턴, 리더스북
38. 세상물정의 사회학 | 노명우, 사계절출판사
39. 존 로빈스의 인생혁명 | 존 로빈스, 시공사
40. 옛사람들에게 배우는 삶의 길 | 크리스토프 호른, 생각의나무
41. 또 다른 삶을 위한 선택의 길 | 버논 하워드, 자유로운상상
42. 만델라스 웨이 | 리처드 스텐절, 문학동네
43. 아이윌 | 메리 제인 라이언, 리더스북
44. 기꺼이 길을 잃어라 | 로버트 커슨, 열음사
45. 친구에게 가는 길 | 밥 그린, 푸른숲

46. 단 하루를 살아도 주인공으로 살아라 | 오리즌 스웨트 머든, 이른아침

47. 생각하는 힘, 노자 인문학 | 최진석, 위즈덤하우스

48. 돈과 인생의 비밀 | 혼다 켄, 더난출판사

49. 노자, 최상의 덕은 물과 같다 | 차경남, 글라이더

50. 생각을 바꾸면 즐거운 인생이 시작된다 | 마리안 반 아이크 맥케인, 함께가는길

☆★삶의 처세와 철학을 묻는 당신을 위한 추천 도서 50권

1. 인생에 리허설은 없다 | 청 샤오거, 신원문화사
2. 낮음 | 짱쩐슈에, 정민미디어
3. 왼손에는 사기, 오른손에는 삼국지를 들어라 | 밍더, 더숲
4. 사람들에게 호감을 주는 마법의 언어 | 우에니시 아키라, 동해
5. 감사의 힘 | 데보라 노빌, 위즈덤하우스
6. 천 마디를 이긴 한 마디 | 헬게 헤세, 북스코프
7. 지학 | 마수추안, 김영사
8. 사람의 마음을 움직이는 기술 유머코칭이 답이다 | 황의만, 보성출판사
9. 인생을 바꿔주는 마법의 열쇠 | 아놀드 폭스 외, 비즈니스맵
10. 상어와 함께 수영하되 잡아먹히지 않고 살아남는 법
    하비 맥케이, 아카데미북
11. 아침형 인간 2 | 쿠로카와 야스마사, 한스미디어
12. 위대한 패배자 | 볼프 슈나이더, 을유문화사
13. 끌리는 사람은 1%가 다르다 | 이민규, 더난출판사
14. 배짱으로 삽시다 | 이시형, 풀잎
15. 나는 오늘도 나를 응원한다 | 마리사 피어, 비즈니스북스
16. 낯선 곳에서의 아침 | 구본형, 을유문화사
17. 느리게 산다는 것의 의미 | 피에르 쌍소, 동문선

18. 배려 | 한상복, 위즈덤하우스

19. 청소부 밥 | 토드 홉킨스 외, 위즈덤하우스

20. 할 어반의 위즈덤 10 | 할 어반, Y브릭로드

21. 인생이 내게 말을 걸어왔다 | 에크낫 이스워런, 웅진윙스

22. +9 플러스 나인 | 로버트 K. 쿠퍼, 세종서적

23. 마음의 부자가 진짜 부자다 | 김동범, 푸르름

24. 스몰 체인지 | 래리&수잔 터클, 문학사상사

25. 탈무드로 배우는 인생경영법 | 박기현, 원앤원북스

26. 묘수 | 원하오 편, 예문

27. 나를 이기는 힘, 평상심 | 장쓰안, 샘터사

28. 게으르지 않고 느리게 산다는 것 | 기젤라 크레머, 스마트비즈니스

29. 거짓말을 읽는 완벽한 기술 | 잭 내셔, 타임북스

30. 바쁠수록 돌아가라 | 로타르 J. 자이베르트, 미래의창

31. 네 약함을 내세워라 | 마수취안, 김영사

32. 책경 | 여설하, 큰방

33. 책략 | 화원위엔, 한스미디어

34. 리스펙트 | 데보라 노빌, 위즈덤하우스

35. 자조론 | 새뮤얼 스마일즈

36. 나를 망치는 것은 나 자신 뿐이다 | 왕경국 외, 스타북스

37. 존중 | 노엘 넬슨, 부글북스

38. 안목의 힘 | 토조 대첸 커리 외, 하늘눈

39. 삼국지 인생전략 오디세이 | 마인춘 외 편, 아리샘

40. 삶에게 묻지 말고 삶의 물음에 답하라 | 김영권, 이덴슬리벨

41. 하워드의 선물 | 에릭 시노웨이 외, 위즈덤하우스

42. 철학의 위안 | 보에티우스, 필로소픽

43. 미라클 | 오리슨 스웨트 마든, 21세기북스

44. 포용의 힘 | 정현천, 트로이목마

45. 결정의 지혜 | 자오광종, 흐름출판

46. 생각의 힘 | 김병완, 프리뷰

47. 보랏빛 소가 온다 | 세스 고딘, 재인

48. 보이지 않는 것을 팔아라 | 해리 벡위드, 더난출판사

49. 누구나 천재가 될 수 있는 한 가지 법칙 | 김병완, 아이넷북스

50. 강점에 올인하라 | 도널드 O. 클리프턴 외, 솔로몬북

☆★뇌과학 · 뇌 학습법을 좋아하는 사람들을 위한 추천 도서 35권

1. 우리 아이 우뇌 훈련 | 시치다 고 외, 넥서스주니어

2. 뇌, 하나님 설계의 비밀 | 티머시 제닝스, CUP

3. 전뇌 학습법 | 스티븐 D. 에이퍼트, 한스컨텐츠

4. 꿈을 이룬 사람들의 뇌 | 조 디스펜자, 한언출판사

5. 죽어가는 뇌를 자극하라 | 오시마 기요시, 평단

6. 해마 | 이케가야 유지 외, 은행나무

7. 뇌가 기뻐하는 공부법 | 모기 겐이치로, 이아소

8. 착각하는 뇌 | 이케가야 유지, 리더스북

9. 사랑할 때 당신의 뇌가 하는 일 | 다니엘 G. 에이멘, 크리에디트

10. 뇌와 마음의 정리술 | 쓰키야마 다카시, 어문학사

11. 뇌를 알면 아이가 보인다 | 김유미, 해나무

12. 뇌의 선물 | 다니엘 타멧, 홍익출판사

13. 뇌 과학의 함정 | 알바 노에, 갤리온

14. 뇌를 움직이는 마음, 마음을 움직이는 뇌 | 지상현 외, 해나무

15. 춤추는 뇌 | 김종성, 사이언스북스

16. 당신의 뇌를 믿지 마라 | 캐서린 제이콥슨 라민, 흐름출판

17. 기억을 찾아서 | 에릭 R. 캔델, 알에이치코리아

18. 슈퍼두뇌 상식사전 | 사이토 시게타, 길벗

19. 뇌내혁명 | 하루야마 시게오, 사람과책

20. 긍정의 뇌 | 질 B. 테일러, 윌북

21. 뇌를 움직이는 메모 | 사카토 켄지, 비즈니스세상

22. 더 브레인 | 데이비드 이글먼, 해나무

23. 뇌, 욕망의 비밀을 풀다 | 한스-게오르크 호이젤, 흐름출판

24. 마음을 즐겁게 하는 뇌 | 다카다 아키카즈, 전나무숲

25. 똑똑한 뇌 사용설명서 | 샌드라 아모트 외, 살림Biz

26. 히든 브레인 | 샹커 베단텀, 초록물고기

27. 3일 만에 읽는 뇌의 신비 | 야마모토 다이스케, 서울문화사

28. 스키너의 심리상자 열기 | 로렌 슬레이터, 에코의서재

29. 우리 몸의 마에스트로 뇌 | 마크 페터스, 수북

30. 생각하지 않는 사람들 | 니콜라스 카, 청림출판

31. 브레인 룰스 | 존 메디나, 프런티어

32. 레오나르도 다 빈치의 두뇌 사용법 | 우젠광, 아라크네

33. 뇌, 생각의 출현 | 박문호, 휴머니스트

34. 브레인 퓨처 | 잭 린치 외, 해나무

35. 빅 브레인 | 게리 린치 외, 21세기북스

☆★마음(생각)과 심리를 여행하고 싶은 이들을 위한 추천 도서 40권

1. 마음의 발견 | 브라이언 로빈슨, 현대미디어

2. 설득의 심리학 | 로버트 치알디니, 21세기북스

3. 서른 살이 심리학에게 묻다 | 김혜남, 갤리온

4. 스눕 | 샘 고슬링, 한국경제신문

5. 프레임 | 최인철, 21세기북스

6. 어른으로 산다는 것 | 김혜남, 걷는나무

7. 소비의 심리학 | 로버트 B. 세틀 외, 세종서적

8. 생각의 탄생 | 로버트 루트번스타인 외, 에코의서재

9. 마음을 변화시키는 긍정의 심리학 | 앨버트 엘리스 외, 황금비늘

10. 긍정의 심리학 | 이민규, 원앤원북스

11. 긍정의 힘 | 조엘 오스틴, 두란노

12. 생각을 생각하다 | 버나드 골든, 북폴리오

13. 기적으로 이끄는 나이 | 메리앤 윌리엄슨, 나무생각

14. 스웨이 | 오리 브래프먼 외, 리더스북

15. 59초 | 리처드 와이즈먼, 웅진지식하우스

16. 행복의 가설 | 조나선 하이트, 물푸레

17. 명품을 코에 감은 코끼리, 행복을 찾아나서다 | 조너선 하이트, 물푸레

18. 미래를 여는 생각의 기술 | D. 카네기, 빛과향기

19. 심리학의 즐거움 | 마틴 셀리그만 외, 휘닉스드림

20. 5분 상상력 | 제임스 J. 메이프스, 화니북스

21. 창의력에 미쳐라 | 김광희. 넥서스BIZ

22. 촘스키처럼 생각하는 법 | 노르망 바야르종, 갈라파고스

23. 마음에게 말걸기 | 대니얼 고틀립, 문학동네

24. 마음에 힘을 주는 사람을 가졌는가 | 레프 톨스토이, 조화로운삶

25. 독기학설 | 김용옥, 통나무

26. 부동의 심리학 | 사이언 베일락, 21세기북스

27. 의식 혁명 | 데이비드 호킨스, 판미동

28. 상처받지 않는 영혼 | 마이클 A. 싱어, 라이팅하우스

29. 마인드 바이러스 | 리처드 브로디, 흐름출판

30. 보이지 않는 고릴라 | 크리스토퍼 차브리스 외, 김영사

31. 마음을 여는 기술 | 대니얼 J. 시겔, 21세기북스

32. 생각 혁명 | 새뮤얼 스마일즈, 책이있는마을

33. 마음의 힘 | 제임스 보그, 한스미디어

34. 상상력에 엔진을 달아라 | 임헌우, 나남출판

35. 마음의 작동법 | 에드워드 L. 데시 외, 에코의서재

36. 언씽킹 | 해리 벡위드, 토네이도

37. 싱크(THINK) | 마이클 르고, 리더스북

38. 마음의 기적 | 디팩 초프라, 황금부엉이

39. 성공적인 삶의 심리학 | 조지 E. 베일런트, 나남출판

40. 마인드파워 | 존 키호, 김영사

☆★배움을 추구하는 사람들(학생, 일반)을 위한 추천 도서 30권

1. 다산선생 지식경영법 | 정민, 김영사

2. 배움과 한국인의 삶 | 전상인 외 편, 나남출판

3. 생의 가: 배움 | 한준상, 학지사

4. 학습동기를 높여주는 공부원리 | 캐롤 드웩, 학지사

5. 배움의 의미 | 김성길, 학지사

6. 공부의 발견 | 정순우, 현암사

7. 가르침과 배움의 철학 | 심승환, 교육과학사

8. 배움의 기술 | 조시 웨이츠킨, 이제

9. 좌뇌 우뇌 모두 활용하는 슈퍼캠프 학습법 | 바비 드포터 외, 바다출판사

10. 가르침과 배움의 영성 | 파커 J. 팔머, IVP

11. 지식의 통섭 | 최재천 외, 이음

12. 인생, 공부로 승부하라 | 김상두, 넓은들

13. 민성원의 공부원리 | 민성원, 대교출판

14. 선인들의 공부법 | 박희병, 창비

15. 공부가 된다 | 크리스티안 그뤼닝, 이순

16. 잘못된 자기주도학습이 내 아이를 망친다 | 엄연옥, 한스미디어

17. 지적생활의 발견 | 와타나베 쇼이치, 위즈덤하우스

18. 지금 당장 자기주도학습을 시작하라 | 송인강, 행복한나무

19. 교실혁명 | 페예 치쉬, 리좀

20. 핀란드 교사는 무엇이 다른가 | 마스다 유리야, 시대의창

21. 핀란드 교육혁명 | 한국교육연구네트워크 총서기획팀 역, 살림터

22. 리스타트 공부법 | 무쿠노키 오사미, 비즈니스북스

23. 공부 잘하는 법 | 이철한, 늘푸른샘

24. 나만의 스타일로 공부하라 | 다케나카 헤이조, 비즈니스세상

25. 장정일의 공부 | 장정일, 알에이치코리아

26. 초학습법 | 노구치 유키오, 랜덤하우스코리아

27. 완벽한 공부법 | 고영성 외, 로크미디어

28. 공부의 기쁨이란 무엇인가 | 김병완, 다산에듀

29. 공부의 즐거움 | 장회익, 생각의나무

30. 꿈을 이루는 공부습관 | 권혁도, 지상사

☆★책(독서)을 좋아하는 사람들을 위한 추천 도서 30권

1. 나는 도서관에서 기적을 만났다 | 김병완, 아템포

2. 오후반 책쓰기 | 유영택, 가나북스

3. 독서쇼크 | 송조은, 좋은시대

4. 선택적 책읽기 | 고미야 가즈요시, 지상사

5. 밤의 도서관 | 알베르토 망구엘, 세종서적

6. 독서의 기술 | 모티머 J. 애들러, 범우사

7. 독서의 역사 | 알베르토 망구엘, 세종서적

8. 헤르만 헤세의 독서의 기술 | 헤르만 헤세, 뜨인돌

9. 책 사용법 | 정은숙, 마음산책

10. 장정일의 독서일기 | 장정일, 랜덤하우스코리아

11. 책 읽는 여자는 위험하다 | 슈테판 볼만, 웅진지식하우스

12. 책 읽는 책 | 박민영, 지식의숲

13. 책의 역사 | 브뤼노 블라셀, 시공사

14. 책 사냥꾼 | 존 백스터, 동녘

15. 책 | 김남일, 문학동네

16. 미래의 책 | 모리스 블랑쇼, 세계사

17. 사라진 책들의 도서관 | 알렉산더 페히만, 문학동네

18. 맛있는 책읽기 | 김성희, 한국출판마케팅연구소

19. 깐깐한 독서본능 | 윤미화, 21세기북스

20. 세상은 한 권의 책이었다 | 소피 카사뉴-브루케, 마티

21. 독서는 절대 나를 배신하지 않는다 | 사이토 다카시, 걷는나무

22. 독서의 신 | 마쓰오카 세이고, 추수밭

23. 책, 열권을 동시에 읽어라 | 나루케 마코토, 뜨인돌

24. 독서경영 | 박희준 외, 위즈덤하우스

25. 독서불패 | 김정진, 자유로

26. 독서 몰입의 비밀 | 스테파니 하비 외, 커뮤니티

27. 해럴드 블룸의 독서 기술 | 해럴드 블룸, 을유문화사

28. 책읽기의 달인, 호모 부커스 | 이권우, 그린비

29. 세계 명문가의 독서교육 | 최효찬, 예담Friend

30. 조선 명문가 독서교육법 | 이상주, 다음생각

☆★꿈과 목표를 갖게 되는 '비전 도서' 15권

1. 세상을 끌어안아라 | 엘리너 루스벨트, 크림슨
2. 인생의 나침반 | 윌리엄 J. 베네트, 미래의창
3. 시도하지 않으면 아무것도 할 수 없다 | 지그 지글러, 큰나무
4. 철학이 있는 부자 | 시부사와 켄, 다산북스
5. 기적의 입버릇 | 사토 도미오, 중앙books
6. 플립사이드 | 아담 J. 잭슨, 흐름출판
7. 변하지 않으면 죽는다 | 앨런 도이치먼, 황금가지
8. 가슴 두근거리는 삶을 살아라 | 마이크 맥매서스, 시대의창
9. 위대함에 이르는 8가지 열쇠 | 진 랜드럼, 들녘
10. 멈추지 마, 다시 꿈부터 써봐 | 김수영, 웅진지식하우스
11. 꿈이 나에게 묻는 열 가지 질문 | 존 맥스웰, 비즈니스맵
12. 너의 꿈에는 한계가 없다 | 이영남, 민음인
13. 파블로 이야기 | 토마스 바샵, 한국경제신문
14. 평생 꿈만 꿀까, 지금 떠날까 | 오현숙, 문학세계사
15. 간절히 원하면 기적처럼 이루어진다 | 샥티 거웨인, 해토

☆★자기계발(시간 · 인맥 · 행동 · 실천력 · 전략) 분야별 추천 도서 15권

1. 사람을 얻는 기술 | 레일 라운즈, 토네이도
2. 유쾌한 소통의 법칙 67 | 김창옥, 나무생각
3. 스프링 | 닉 태슬러, 흐름출판
4. 디테일의 힘 | 왕중추, 올림
5. 바보 Zone | 차동엽, 여백

6. 슬라이트 엣지 | 밥 모와드 외, 티즈맵

7. 확률론적 사고로 살아라 | 다부치 나오야, 더숲

8. 나는 세렌디퍼다 | 김형곤, 한언출판사

9. 데일 카네기 자기 관리론 | 데일 카네기, 베이직북스

10. 명품 인생을 사는 습관 | 이택희, 오늘의책

11. 거절을 즐겨라 | 존 퍼먼, 아름다운사회

12. 하루 2시간 몰입의 힘 | 조시 데이비스, 청림출판

13. 출세의 공식 | 우에무라 미츠노리, 토네이도

14. 발칙한 일 창조 전략 | 리처드 브랜슨, 황금부엉이

15. 시간관리의 비밀 | 최헌, 씨앗을뿌리는사람

☆★자기계발(변화 · 혁신 · 마인드) 분야별 추천 도서 15권

1. 빙산이 녹고 있다고? | 존 P. 코터, 김영사

2. 재능은 어떻게 단련되는가? | 제프 콜빈, 부키

3. 리스타트 핑! | 스튜어트 에이버리 골드, 웅진윙스

4. 면접의 신 | 신동석, 글라이더

5. 할 수 있다고 생각하면 무엇이든 이룰 수 있다 | 아트 윌리엄스, 미래지식

6. 삼국지 실패를 말하다 | 위쉐빈, 뿌리깊은나무

7. 이노베이터 CEO 에디슨 | 마이클 J. 겔브 외, 한언출판사

8. 물은 답을 알고 있다 | 에모토 마사루, 더난출판사

9. 생각하는 대로 된다 | 김상렬, 아인북스

10. 카르페 아퀼리스 | 프랭크 F. 룬, 지식의창

11. 나는 가능성이다 | 패트릭 존 휴스 외, 문학동네

12. 탁월함에 이르는 노트의 비밀 | 이재영, 한티미디어

13. 플립 잇 | 마이클 헤펠, 초록물고기

14. 내 인생의 탐나는 자기계발 50 | 톰 버틀러 보던, 흐름출판

15. 변화는 종이물고기도 헤엄치게 한다 | 조너선 플럼, 한국경제신문

☆★ 시를 좋아하는 당신을 위한 추천 도서 15권

1. 마주보기 | 에리히 케스트너, 언어문화사
2. 접시꽃 당신 | 도종환, 실천문학사
3. 사랑하라 한번도 상처받지 않은 것처럼 | 류시화, 오래된미래
4. 너는 눈부시지만 나는 눈물겹다 | 이정하, 푸른숲
5. 서른, 잔치는 끝났다 | 최영미, 창비
6. 누군가에게 무엇이 되어 | 예반, 토파즈
7. 넌 가끔가다 내 생각을 하지 난 가끔가다 딴 생각을 해 | 원태연, 자음과모음
8. 내가 여전히 나로 남아야 함은 아직도 널 사랑하기 때문이다 | 김기만, 지원
9. 사랑한다는 말보다 더욱 더 마음 저리는 것은 작은 웃음이다 | 서은영 역, 박우사
10. 밤의 목소리 | 헨리 워즈워스 롱펠로우, 선영사
11. 서곡 | 윌리엄 워즈워스, 문학과지성사
12. 검은 늪 | 권순자, 종려나무
13. 외롭고 높고 쓸쓸한 | 안도현, 문학동네
14. 어쩌면 별들이 너의 슬픔을 가져갈지도 몰라 | 김용택, 예담
15. 윤동주 전 시집 | 윤동주, 스타북스

☆★ 에세이를 좋아하는 당신을 위한 추천 도서 10권

1. 네가 어떤 삶을 살든 나는 너를 응원할 것이다 | 공지영, 해냄
2. 나는 빠리의 택시운전사 | 홍세화, 창비
3. 인연 | 피천득, 샘터사
4. 두레박 | 이해인, 분도출판사

5. 그리운 말 한 마디 | 유안진, 고려원

6. 내 인생에 힘이 되어준 한마디 | 정호승, 비채

7. 인생은 속도가 아니라 방향이다 | 이만열, 21세기북스

8. 당신이 없으면 내가 없습니다 | 정호승, 해냄

9. 빵만으로는 살 수 없다 | 이어령, 열림원

10. 시민의 불복종 | 헨리 데이비드 소로우, 은행나무

☆★미래 · 트렌드 · 인터넷 · IT에 대해 관심 있는 이들을 위한 추천 도서 20권

1. 세계미래보고서 2055 | 박영숙 외, 비즈니스북스

2. 4차 산업혁명 시대, 전문직의 미래 | 리처드 서스킨드 외, 와이즈베리

3. 부의 미래 | 앨빈 토플러, 청림출판

4. 트렌드를 읽는 기술 | 헨릭 베일가드, 비즈니스북스

5. 아날로그의 반격 | 데이비드 색스, 어크로스

6. 미래의 물결 | 자크 아탈리, 위즈덤하우스

7. 미래와 과학 | 이근영 외, 인물과사상사

8. 로봇의 부상 | 마틴 포드, 세종서적

9. 블록 체인 혁명 | 돈 탭스콧 외, 을유문화사

10. 통섭 | 에드워드 Q. 윌슨, 사이언스북스

11. 사피엔스의 미래 | 알랭 드 보통 외, 모던아카이브

12. 소리혁명 | 김재평, 버튼북스

13. 유망직업 미래지도 | 김영기 외, 일상이상

14. 수직에서 수평으로 | 조시 버노프 외, 지식노마드

15. 좋아요! 소셜미디어 | 데이브 커펜, 레인메이커

16. 호모 데우스 | 유발 하라리, 김영사

17. 4차 산업혁명 시대, 전문직의 미래 | 드 서스킨드 외, 와이즈베리

18. 일의 미래, 무엇이 바뀌고 무엇이 오는가 | 선대인, 인플루엔셜(주)

19. 4차 산업혁명, 미래를 바꿀 IT 트렌드 | Saito Masanori, 정보문화사

20. 인공지능 투자가 퀀트 | 권용진, 카멜북스

☆★부자가 되고 싶은 사람들을 위한 추천 도서 30권

1. 부자들의 생각을 읽는다 | 이상건, 비아북

2. 부와 성공의 과학적 비밀 | 샌드라 앤 테일러, 기원전

3. 끌리는 인생은 1%가 다르다 | 월러스 워틀스, 눈과마음

4. 재기 | 장위빈 외, 고수

5. 백만장자 코드 | 브라이언 트레이시, 삼진기획

6. 한국의 부자들 | 한상복, 위즈덤하우스

7. 부자들의 개인 도서관 | 이상건, 알에이치코리아

8. 돈 때문에 죽으라는 법은 없다 | 조지 킨더, 수희재

9. 1퍼센트 부자의 법칙 | 사이토 히토리, 한국경제신문

10. 1년 안에 행복한 부자가 되는 지혜 | 나폴레온 힐, 국일미디어

11. 부의 비밀 | 다니엘 라핀, 씨앗을뿌리는사람

12. 솔로몬 부자학 31강 | 스티븐 K. 스코트, 21세기북스

13. 부자들의 음모 | 로버트 기요사키, 흐름출판

14. 가난해도 부자의 줄에 서라 | 데시마 유로, 21세기북스

15. 리치웨이 | 스티브 챈들러 외, 프롬북스

16. 성공을 꿈꾸는 부자의 기술 | 월레스 D. 워틀스, 다인미디어

17. 머리 좋은 사람이 돈 못 버는 이유 | 사카모토 게이치, 북스캔

18. 부자들만 아는 부의 법칙 | 오화석, 성공신화

19. 부의 법칙 | 캐서린 폰더, 국일미디어

20. 유태인들만 아는 부의 법칙 | 이시즈미 간지, 랜덤하우스코리아

21. 부의 8법칙 | 페터 노일링, 서돌

22. AUTOMATIC WEALTH | 마이클 매스터슨, 네모북스

23. 나를 부자로 만드는 생각 | 로버트 콜리어, 느낌이있는책

24. 행복한 작은 부자의 8가지 스텝 | 혼다 켄, 청림출판

25. 버림의 행복론 | 야마시타 히데코, 행복한책장

26. 부자가 되려면 책상을 치워라 | 마스다 미츠히로, 이아소

27. 나폴레온 힐 부의 법칙 | 나폴레온 힐 외, 한스미디어

28. 돈 사용설명서 | 비키 로빈 외, 도솔

29. 지금 당장 롤렉스 시계를 사라 | 사토 도미오, 에버리치홀딩스

30. 당신을 부자로 만들어 주는 것들 | 김병완, 티즈맵

☆★무조건 긍정하게 되는 '긍정 도서' 15권

1. 긍정적으로 사고하고 행동하라 | 이병훈, 경향미디어

2. 행동하는 낙관주의자 | 수잔 세거스트롬, 비전과리더십

3. 365 매일 읽는 긍정의 한 줄 | 린다 피콘, 책이있는풍경

4. 자존감 | 이무석, 비전과리더십

5. 좋은 것에 집중하라 | 마이크 로빈슨, 위즈덤하우스

6. 반전의 즐거움 | 찰스 레버, 스마트비즈니스

7. 최고를 이기는 긍정의 기술 | 더글러스 밀러, 비비컴

8. 거센 파도는 1등 항해사를 만든다 | 새뮤얼 스마일즈, 나라원

9. 생각의 법칙 10+1 | 존 맥스웰, 청림출판

10. 나눌수록 많아진다 | 서정욱 외, 지식산업사

11. 된다 된다 나는 된다 | 니시다 후미오, 흐름출판

12. 적극적 사고방식 | 노만 빈센트 필, 지성문화사

13. 지금 이 순간을 살아라 | 에크하르트 톨레, 양문

14. 하루하루가 선물입니다 | 엘리자베스 루카스, 21세기북스

15. 마음 편하게 살아라 | 슈테판 F. 그로스, 동아일보사

☆★신앙과 영성을 추구하는 이들을 위한 추천 도서 25권

1. 더치 쉬츠의 회복 | 더치 쉬츠, 두란노
2. 하나님이 주신 보장된 삶 | 빌 길햄, 엔씨디
3. 예수가 이끄시는 성공 | 김인환, 도마의길
4. 빌리 그레이엄의 행복 | 빌리 그레이엄, 두란노
5. 달라이 라마의 행복론 | 달라이 라마 외, 김영사
6. 다시 시작하는 힘 | 전병욱, 규장
7. 복의 통로 | 서기종, 오늘의책
8. 무소유 | 법정, 범우사
9. 살아 있는 것은 다 행복하라 | 법정, 조화로운삶
10. 하나님이 키우셨어요 | 이은성, 나침반
11. 은혜 안에 머무는 삶 | 스티브 멕베이, 터치북스
12. 기도의 심장 | E. M. 바운즈, 규장
13. 왕의 기도 | 손기철, 규장
14. 생명력 | 전병욱, 규장
15. 그리스도의 십자가 | 존 R. 스토트, IVP
16. 마틴 로이드 존스의 부흥 | 마틴 로이드 존스, 복있는사람
17. 최고의 하나님을 위한 나의 최선 | 오스왈드 챔버스, 브니엘출판사
18. 기적 | C. S. 루이스, 홍성사
19. 그리스도를 본받아 | 토마스 아 켐피스, 두란노
20. 천국은 확실히 있다 | 토마스 주 남, 서울말씀사
21. 하나님을 아는 지식 | 제임스 패커, IVP

22. 임재 체험 | A.W.토저. 규장

23. 내 자아를 버려라 | A. W. 토저, 규장

24. 순전한 기독교 | C. S. 루이스. 홍성사

25. 은혜 영성의 파워 | 스티브 맥베이, 터치북스

☆★기상천외한 책을 찾는 이들을 위한 추천 도서 30권

1. 위대한 모순어록 | 마디 그로스, 고즈윈
2. WORD SMART | 애덤 로빈슨 외, 넥서스
3. 모차르트, 그 삶과 음악 | 제러미 시프먼, 포노
4. ASIAN POINT CONTEMPORARY ART MAGAZINE | 포인트 편집부 역, 비주얼아트센터보다
5. 영어 조선을 깨우다 | 김영철, 일리
6. 미야모토 무사시의 오륜서 | 미야모토 무사시, 사과나무
7. EBS 60분 부모 | EBS 60분 부모 제작팀, 지식채널
8. 당신이 가져야 할 단 한 장의 카드 | 윤기형, 스마트비즈니스
9. 로드 | 테드 코노버, 21세기북스
10. 암산이 빨라지는 인도 베다 수학 | 인도수학연구회, 보누스
11. 왜 비판적으로 사고해야 하는가 | 리처드 폴 외, 궁리
12. 사진에 느낌을 담는 여덟가지 방법 | 스가와라 이치고, 한빛미디어
13. 세계사 지식in 사전 | 조병일 외, 연암서가
14. 5분 서양 고전 | 김욱동, 작은씨앗
15. 그들은 어떻게 살아남았을까? | 벤 셔우드, 민음인
16. 마음이 사는 집 | 사라 수산카, 예담
17. 나쁜생각 | 제이미 화이트, 오늘의책
18. 자기계발 대사전 | 자기경영연구소, 북씽크
19. 도킨스의 망상 | 알리스터 맥그래스 외, 살림

20. 나는 4시간만 일한다 | 팀 페리스, 다른상상

21. 지식의 쇠퇴 | 오마에 겐이치, 말글빛냄

22. 지상의 위대한 도서관 | 최정태, 한길사

23. 말이 인격이다 | 조항범, 예담

24. 상어와 함께 수영하되 잡아먹히지 않고 살아남는 법 | 하비 맥케이, 아카데미북

25. 상인열전 | 이수광, 진명출판사

26. 책 죽이기 | 조란 지브코비치, 문이당

27. 살인자의 기억법 | 김영하, 문학동네

28. 라틴어 수업 | 한동일, 흐름출판

29. 보노보노처럼 살다니 다행이야 | 김신회, 놀

30. 언어의 온도 | 이기주, 말글터

☆★유머 감각을 키우고 싶은 이들을 위한 추천 도서 10권

1. 유대인 유머의 지혜 | 카세 히데아키, 회경사

2. 세상을 가지고 노는 힘, 유머력 | 최규상, 북카라반

3. 건강이 샘솟는 웃음 성공을 부르는 웃음 | 노만택, 보성출판사

4. 유머화술 업그레이드 | 김진배, 엘맨

5. 상대방의 마음을 사로잡는 유머의 기술 | 정혜전, 미래지식

6. 웃음의 성공학 | 강진영, 북인

7. 고품격 유머 | 이상준, 다산북스

8. 한바탕 웃기기 | 조관일, 위즈덤하우스

9. 웃음, 영장류의 한 비밀 | 이현수, 나노미디어

10. 성공을 부르는 웃음, 유머 | 용혜원, 나무생각

☆★상처 치유를 원하는 이들을 위한 추천 도서 10권

1. 치유 | 루이스 L. 헤이, 나들목
2. 하루하루가 선물입니다 | 엘리자베스 루카스, 21세기북스
3. 더 높이 튀어 오르는 공처럼 | 존 니콜슨 외, 오푸스
4. 마음의 휴식 | 유진 워커, 명진출판사
5. 화 | 틱 낫한, 명진출판사
6. 인문학으로 만나는 마음공부 | 차경남, 글라이더
7. 괴로움의 위안을 꿈꾸는 너희들이여 | 헤르만 헤세, 청하
8. 힐링 소사이어티를 위한 12가지 통찰 | 이승헌, 한문화
9. 플레이, 즐거움의 발견 | 스튜어트 브라운 외, 흐름출판
10. 세상의 중심에 너 홀로 서라 | 랄프 왈도 에머슨, 씽크뱅크

☆★건강을 찾고 싶은 이들을 위한 추천 도서 10권

1. 늙지 않는 비밀 | 엘리자베스 블랙번 외, 알에이치코리아
2. 100세 건강, 우연이 아니다 | 이원종, 중앙books
3. 암과 싸우지 말고 친구가 돼라 | 한만청, 시그니처
4. 인문학으로 만나는 몸 공부 | 차경남, 글라이더
5. 육식, 건강을 망치고 세상을 망친다 | 존 로빈스, 아름드리미디어
6. 건강 잠재력, 생체시계의 비밀 | EBS 생체시계의 비밀 제작팀 외, 지식채널
7. 100살 건강한 뇌의 비결 | 진 카퍼, 행복포럼
8. 생활 속 독소배출법 | 신야 히로미, 전나무숲
9. 우리는 왜 아플까 | 대리언 리더 외, 동녘사이언스
10. 나는 몇 살까지 살까? | 하워드 S. 프리드먼 외, 쌤앤파커스

☆★논리 · 이성 · 비판, 철학이 궁금한 사람들을 위한 추천 도서 10권

1. 반갑다, 논리야 | 위기철, 사계절출판사
2. 철학 콘서트 | 황광우, 생각정원
3. 서양 철학사 | 버트런드 러셀, 을유문화사
4. 철학이 필요한 시간 | 강신주, 사계절출판사
5. 디오니소스의 철학 | 마시모 도나, 시그마북스
6. 들뢰즈, 유동의 철학 | 우노 구니이치, 그린비
7. 철학 | 요하임 가르츠, 혜원출판사
8. 철학의 고전 | 로베르트 짐머, 문예출판사
9. 중심은 유지되는가 | 도널드 팔머, 북앤월드
10. 현대철학의 모험 | 철학아카데미 역, 길

☆★금융에 관심 있는 사람들을 위한 추천 도서 10권

1. 화폐경제학 | 밀턴 프리드먼, 한국경제신문
2. 금융 비타민 | 이성호, 리더스하우스
3. 블록체인 무엇인가? | 다니엘 드레셔, 이지스퍼블리싱
4. 금융의 지배 | 니얼 퍼거슨, 민음사
5. 금융투기의 역사 | 에드워드 챈슬러, 국일증권경제연구소
6. 금융의 제왕 | 리아콰트 아메드, 다른세상
7. 로스차일드 신화 | 리 룽쉬, 시그마북스
8. 금융권력 | 모토야마 요시히코, 전략과문화
9. 금융 아는 만큼 보인다 | 김재욱, 중앙경제평론사
10. 월세 부자의 비밀 노트 | 임정택, 책비

3. 직업별 추천 도서

☆★작가 지망생을 위한 추천 도서 20권

1. 당신의 책을 가져라 | 송숙희, 국일미디어
2. 세상에서 가장 쉬운 글쓰기 | 김지노, 지상사
3. 아티스트 웨이 | 줄리아 카메론, 경당
4. 작가가 작가에게 | 제임스 스콧 벨, 정은문고
5. 마음을 움직이는 글쓰기 | 바덴 운슨, 지훈
6. 유혹하는 글쓰기 | 스티븐 킹, 김영사
7. 작가의 신념 | 조이스 캐롤 오츠, 북폴리오
8. 네 멋대로 써라 | 데릭 젠슨, 삼인
9. 뼛속까지 내려가서 써라 | 나탈리 골드버그, 한문화
10. 글쓰기의 모든 것 | 프레드 화이트, 북씽크
11. 우리 글 바로 쓰기 | 이오덕, 한길사
12. 예술가여, 무엇이 두려운가! | 데이비드 베일즈 외, 루비박스
13. 다산의 글쓰기 전략 | 최효준, 글라이더
14. 위대한 작가는 어떻게 쓰는가 | 윌리엄 케인, 교유서가
15. 글쓰기 생각쓰기 | 윌리엄 진서, 돌베개
16. 창의적인 글쓰기의 모든 것 | 헤더 리치 외, 베이직북스
17. 대통령의 글쓰기 | 강원국, 메디치미디어
18. 글쓰기 로드맵 101 | 스티븐 테일러 골즈베리, 들녘
19. 김병완의 책 쓰기 혁명 | 김병완, 아템포
20. 책쓰기 학교 인생을 바꾸다 | 김병완, 북씽크

☆★교사를 위한 추천 도서 15권

1. 교육학의 거장들 | 한스 쇼이얼 외, 한길사

2. 교실 밖 아이들 책으로 만나다 | 고정원, 리더스가이드

3. 영국의 독서 교육 | 김은하, 대교출판

4. 독일 교육 이야기 | 박성숙, 21세기북스

5. 핀란드 교육혁명 | 한국교육연구네트워크 총서기획팀 역, 살림터

6. 핀란드 교실 혁명 | 후쿠타 세이지, 비아북

7. 덴마크 자유교육 | 송순재 외 편, 민들레

8. 선생님들에게 드리는 100가지 제안 | 바실리 알렉산드로비치 수호믈린스키, 고인돌

9. 침묵으로 가르치기 | 도널드 L. 핀켈, 다산초당

10. 자유와 교육이 만났다, 배움이 커졌다 | 호리 신이치로, 민들레

11. 학교 없는 교육개혁 | 데이비드 타이악 외, 박영스토리

12. 에르끼 아호의 핀란드 교육 개혁 보고서 | 에르끼 아호 외, 한울림

13. 인간에 대한 보편적인 앎 | 루돌프 슈타이너, 밝은누리

14. 핀란드 교육의 성공 | 후쿠타 세이지, 북스힐

15. 책따세와 함께하는 독서교육 | 책으로 따뜻한 세상을 만드는 교사들, 청어람미디어

☆★창업을 희망하는 사람을 위한 추천 도서 10권

1. 하버드 창업 가이드 | 아마 하이드 외, 21세기북스

2. 아내가 창업을 한다 | 권민, 유니타스브랜드

3. 성공창업 성공인생 | 이준혁, 현학사

4. 나는 직원 없이도 10억 번다 | 일레인 포펠트, 비즈니스북스

5. 장사의 신 | 우노 다카시, 쌤앤파커스

6. 창업은 전쟁이다 | 이상헌, 상상나무

7. 창업 아이템, 창업 노하우 | 이영직, 나무생각

8. 초보불패 창업전략 | 여철환, 상상예찬

9. 철저한 준비로 꿈의 창업을 시작하라 | 로마누스 월터, 아이디북스

10. 초보들이 알아야 할 소자본 창업의 모든 것 | 유재수, 팜파스

☆★일반 직장인을 위한 추천 도서 10권

1. 생각정리를 위한 노트의 기술 | 이상혁, 생각정리연구소
2. 기획자의 습관 | 최장순, 홍익출판사
3. 스토리텔링 | 아네트 시몬스, 한언출판사
4. 허브 코헨, 협상의 법칙 | 허브 코헨, 청년정신
5. 전략적 사고를 키우는 업무의 기술 | 하마구치 나오타, 비즈니스세상
6. 최강업무 기술 | 나가타 도요시, 스펙트럼북스
7. 억대 연봉자는 업무습관부터 다르다 | 케네스 지글러, 명진출판사
8. 업무 효율을 10배 높이는 지적 생산술 | 카츠마 카즈요, 쌤앤파커스
9. 매니저의 업무 기술 | 하버드 경영대학원, 웅진윙스
10. 일하는 뇌 | 데이비드 록, 랜덤하우스코리아

☆★투자가를 위한 추천 도서 10권

1. 부동산 대폭락 시대가 온다 | 선대인 외, 한국경제신문
2. 주식부자들의 투자습관 | 김재영, 리더스북
3. 시골의사의 부자경제학 | 박경철, 리더스북
4. 투자의 유혹 | 장득수, 흐름출판
5. 벤저민 그레이엄의 현명한 투자자 | 벤저민 그레이엄, 국일증권경제연구소
6. 워렌 버핏만 알고 있는 주식투자의 비밀 | 메리 머핏 외, 부크온
7. 위대한 기업에 투자하라 | 필립 피셔, 굿모닝북스
8. 존 템플턴의 가치 투자 전략 | 로렌 템플턴 외, 비즈니스북스
9. 맘마미아 월급 재테크 실천법 | 맘마미아, 진서원
10. 주식투자는 두뇌게임이다 | 이태혁, 위즈덤하우스

☆★마케터와 회계사를 위한 추천 도서 15권

1. 밀리언셀링 마인드 | 나종호 외, 동방의빛
2. 마켓 3.0 | 필립 코틀러, 타임비즈
3. 보이지 않는 뿌리 | 홍성태, 박영사
4. 스틱! | 칩 히스 외, 엘도라도
5. 마케터의 일 | 장인성, (주)북스톤
6. 마케팅 불변의 법칙 | 알 리스 외, 비즈니스맵
7. 소비의 심리학 | 로버트 B. 세틀 외, 세종서적
8. 마케팅 천재가 된 맥스 | 제프 콕스 외, 위즈덤하우스
9. 마케팅이란 무엇인가 | 폴 스미스, 거름
10. 더 골 | 엘리 골드렛 외, 동양북스
11. 대한민국 업종별 재무재표 읽는 법 | 이민주, 스프링
12. 회계 천재가 된 홍대리 | 손봉석, 다산북스
13. 읽으면 읽을수록 빠져드는 회계책 | 권재희, 길벗
14. 회계학 콘서트 | 하야시 아쓰무, 한국경제신문
15. 회계 무작정 따라하기 | 야마다 신야, 길벗

☆★CEO와 리더를 위한 추천 도서 15권

1. 성공하는 사람들의 열정 포트폴리오 | 제리 포라스 외, 럭스미디어
2. 미테랑 평전 | 자크 아탈리, 뷰스
3. 동행이인 | 기타 야스토시, 21세기북스
4. 승자의 법칙 | 천수팡, 프라임
5. 먼데이 모닝 멘토링 | 데이비드 코트렐, 한언출판사
6. The Tools Of leadership | 맥스 랜드버그, 예지
7. CEO, 고전에서 답을 찾다 | 유필화, 흐름출판

8. 존 맥스웰 리더십 불변의 법칙 | 존 맥스웰, 비즈니스북스

9. 감성의 리더십 | 대니얼 골먼 외, 청림출판

10. 양치기 리더십 | 케빈 리먼 외, 김영사

11. 조지프 나이의 리더십 에센셜 | 조지프 나이, 교보문고

12. 불멸의 이노베이터 덩샤오핑 | 최재선, 청림출판

13. 안중근 평전 | 황재문, 한겨레출판

14. 김대중 평전 | 김삼웅, 시대의창

15. 마르크스 평전 | 자크 아탈리, 예담

4. 연령별 추천 도서

☆★꿈 많은 10대 청소년을 위한 추천 도서 10권

1. 10대, 나만의 꿈과 마주하라 | 강다현, 글라이더

2. 좋은 꿈 하나 맡아 드립니다 | 고마쓰바라 히로코, 책과콩나무

3. 꿈꾸라 | MBC 희망특강 파랑새, 리잼

4. 워렌 버핏, 소년들에게 꿈을 말하다 | 윤태익, 랜덤하우스코리아

5. 12살, 꿈은 이루어진다 | 류현아, 조선북스

6. 꿈을 향한 위대한 도전 | 박은교, 꿈꾸는사람들

7. 나는 무슨 일 하며 살아야 할까? | 박현희 외, 철수와영희

8. 그들도 아이였다 | 김은우, 마음이음

9. 존 아저씨의 꿈의 목록 | 존 고다드, 글담어린이

10. 16살, 나는 세계 일주로 꿈을 배웠다 | 제시카 왓슨, 다산에듀

☆★20대, 청춘을 위한 추천 도서 10권

1. 20대, 나만의 무대를 세워라 | 유수연, 위즈덤하우스
2. 20대, 공부에 미쳐라 | 나카지마 다카시, 랜덤하우스코리아
3. 씨앗 뿌리는 20대 꼭 해야 할 37가지 | 고도원 역, 나무생각
4. 20대를 위한 심리학 | 심은정 외, 시그마프레스
5. 이것은 왜 청춘이 아니란 말인가 | 엄기호, 푸른숲
6. 스무 살, 절대 지지 않기를 | 이지성, 차이정원
7. 20대에 꼭 알아야 할 지혜로운 이야기 49가지
   제임스 M. 볼드윈, 느낌이있는책
8. 스무살에 알았더라면 좋았을 것들 | 티나 실리크, 엘도라도
9. 무엇을 위해 살 것인가 | 윌리엄 데이먼, 한국경제신문
10. 나무처럼 | 패트리샤 헤이맨, 웅진윙스

☆★뜨거운 30대를 위한 추천 도서 10권

1. 서른 살이 심리학에게 묻다 | 김혜남, 갤리온
2. 30대 평생 일자리에 목숨 걸어라 | 김상훈 외, 위즈덤하우스
3. 도전하는 30대, 공부하라 | 와다 히데키, 파라북스
4. 30대, 다시 공부에 미쳐라 | 니시야마 아키히코, 예문
5. 30대에 하지 않으면 안될 50가지 | 나카타니 아키히로, 바움
6. 30대 당신의 로드맵을 그려라 | 윤영돈, 매일경제신문사
7. 30대 30년 후 가난하지 않게, 풍요롭게 사는 법 | 최성우, 한스미디어
8. 30대 나의 가치를 키워줄 귀중한 만남 50 | 나카타니 아키히로, 다산북스
9. 날개 없는 30대 남자들의 유쾌한 낙법 | 최국태, 마젤란
10. 제2의 인생 30대에 시작하라 | 와타나베 파코, 이코노믹북스

☆★불혹을 위한 추천 도서 10권

1. 남자의 후반생 | 모리야 히로시, 모멘텀
2. 인생 후반전 대비하기 | 이동우, 동아일보사
3. 마흔, 혼자 공부를 시작했다 | 와다 히데키, 더퀘스트
4. 마흔 넘어 창업 | 린 베벌리 스트랭, 부키
5. 길어진 인생을 사는 기술 | 슈테판 볼만, 웅진지식하우스
6. 마흔 혁명 | 김병완, 퀀텀앤북스
7. 인생의 절반은 부자로 살자 | 오종윤, 끌리는책
8. 마흔 이후, 두려움과 설렘 사이 | 정도영, 시간여행
9. 인생은 어떻게 작동되는가 | 프레데릭 M. 허드슨, 사이
10. 폰더 씨의 위대한 하루 | 앤디 앤드루스, 세종서적

☆★50대를 위한 추천 도서 10권

1. 중년이 행복해지는 여섯 가지 비결 | 히로카네 켄시, 아카데미북
2. 나는 긍정을 선택한다 | 류태영, 비전과리더십
3. 대한민국 50대의 힘 | 탁석산, 랜덤하우스코리아
4. 산티아고 가는 길에서 유럽을 만나다 | 김효선, 한길사
5. 지금, 다시 시작할 수 있다 | 김재우, 비전과리더십
6. 아버지는 매일 가출하고 싶다 | 김희곤, 다산책방
7. 50헌장 | 권용철 외, 샘터사
8. 50대 청년, 대한민국을 걷다 | 김종건, 책미래
9. 좋아하는 일을 하며 나이든다는 것 | 사이토 시게타, 리수
10. 나는 50에 꿈을 토핑한다 | 성신제, 더난출판사

☆★어르신을 위한 추천 도서 10권

1. 노년의 역사 | 조르주 미누아, 아모르문디
2. 노년의 즐거움 | 김열규, 비아북
3. 노년에 인생의 길을 묻다 | 어르신사랑연구모임, 궁리
4. 아름다운 노년 | 지미 카터, 생각의나무
5. 노년의 새로운 인생 | 이계성, 뿌리출판사
6. 행복하고 활기찬 노년을 설계한다 | 오키후지 노리꼬, 홍익재
7. 즐거운 노년, 인생을 자유롭게 즐기자 | 시모쥬 아키코, 지혜의나무
8. 노년의 아름다운 삶 | 한국노년학회, 학지사
9. 노년을 더 활기차게 | 한네그레트 하스, 씨뿌리는사람
10. 존 로빈스의 100세 혁명 | 존 로빈스, 시공사

5. 인생 최고의 책 60권

1. 나를 바로 세우는 힘 | 정젠빈, 제이플러스
2. 그럼에도 행복하라 | 앤드류 매튜스, 좋은책만들기
3. 소서 | 황석공, 동아일보사
4. 인생의 온도 | 김병완, 퀀텀앤북스
5. 당신 안의 기적을 깨워라 | 나폴레온 힐, 국일미디어
6. 마인드 파워 | 존 키호, 김영사
7. 명상록 | 마르쿠스 아우렐리우스
8. 열정능력자 | 진 랜드럼, 들녘
9. 사피엔스 | 유발 하라리, 김영사
10. 화내지 않는 기술 | 시마즈 요시노리, 포북
11. 역사에서 발견한 CEO 언어의 힘 | 박해용, 삼성경제연구소
12. 40대, 위대한 공부에 미쳐라 | 김병완, 퀀텀앤북스

13. 책을 읽는 사람만이 손에 넣는 것 | 후지하라 가즈히로, 비즈니스북스

14. 무엇을 버릴 것인가 | 유필화, 비즈니스북스

15. 카이로스 | 제이 하인리히, 8.0

16. 적을 만들지 않는 대화법 | 샘 혼, 갈매나무

17. 온! 리치 | 폴 매케나, 웅진윙스

18. 관계, 유연하면 풀린다 | 클로에 마다네스, 비전과리더십

19. 말공부 | 조윤제, 흐름출판

20. 선비들의 평생 공부법 | 김병완, 이랑

21. 숨겨진 힘, 사람 | 찰스 오레일리 외, 김영사

22. 뜨거워야 움직이고 미쳐야 내 것이 된다 | 김병완, 서래Books

23. 행복의 함정 | 리처드 레이어드, 북하이브

24. 주역을 활용한 실전 100 손자병법 | 김교운, 지식공감

25. 생각을 뛰게 하라 | 노나카 이쿠지로 외, 흐름출판

26. 죽기 전에 답해야 할 101가지 질문 | 잭 캔필드 외, 토네이도

27. 스티븐 코비의 오늘 | 스티븐 코비, 김영사

28. 어떻게 인생을 살 것인가 | 쑤린, 다연

29. 10만 시간의 공포 | 김흥중, 가나북스

30. 내 안에 잠든 작가의 재능을 깨워라 | 안성진, 가나북스

31. 당신의 뇌를 코칭하라 | 추교진, 가나북스

32. 욕망 이론 | 자크 라캉, 문예출판사

33. 공간의 시학 | 가스통 바슐라르, 동문선

34. 칼 비테의 자녀교육 불변의 법칙 | 칼 비테, 미르에듀

35. 리딩으로 리드하라 | 이지성, 차이정원

36. 익숙한 것과의 결별 | 구본형, 을유문화사

37. 공병호의 자기경영노트 | 공병호, 21세기북스

38. 프로페셔널의 조건 | 피터 드러커, 청림출판

39. 위대한 나의 발견 강점 혁명 | 톰 래스 외, 청림출판

40. 설원 | 유향, 동서문화사

41. 그리스인 조르바 | 니코스 카잔차키스, 열린책들

42. 참을 수 없는 존재의 가벼움 | 밀란 쿤데라, 민음사

43. 로마인 이야기 | 시오노 나나미, 한길사

44. 월든 | 헨리 데이비드 소로우, 은행나무

45. 총, 균, 쇠 | 재레드 다이아몬드, 문학사상사

46. 잃어버린 시간을 찾아서 | 마르셀 프루스트

47. 카네기 인간관계론 | 데일 카네기, 씨앗을뿌리는사람

48. 타이탄의 도구들 | 팀 페리스, 토네이도

49. 그릿 | 앤절라 더크워스, 비즈니스북스

50. 어떻게 살 것인가 | 유시민, 생각의길

51. 신경 끄기의 기술 | 마크 맨슨, 갤리온

52. 탁월한 전략이 미래를 창조한다 | 리치 호워드, 진성북스

53. 잠재의식의 힘 | 조셉 머피, 미래지식

54. 교육론 | 존 로크, 비봉출판사

55. 좌뇌와 우뇌 사이 | 마지드 포투히, 토네이도

56. 인간의 조건 | 한나 아렌트, 한길사

57. 베르나르 베르베르의 상상력 사전 | 베르나르 베르베르, 열린책들

58. 신음어 | 여곤, 명문당

59. 미라클 | 오리슨 스웨트 마든, 21세기북스

60. 해답 | 존 아사라프 외, 랜덤하우스코리아

참고문헌

1년 만에 기억력 천재가 된 남자 | 조슈아 포어, 갤리온

1만 권 독서법 | 인나미 아쓰시, 위즈덤하우스

1시간에 1권퀀텀 독서 | 김병완, 청림출판

2주에 1권 책 읽기 | 윤성화, 더난출판사

3분 고전 | 박재희, 작은씨앗

48분 기적의 독서법 | 김병완, 미다스북스

고문진보 | 황견 편, 을유문화사

공병호의 일취월장 | 공병호, 해냄

공부가 된다 | 크리스티안 그뤼닝, 이순

공부의 발견 | 정순우, 현암사

교실 밖 아이들 책으로 만나다 | 고정원, 리더스가이드

교육학의 거장들 | 한스 쇼이얼 외, 한길사

그대, 스스로를 고용하라 | 구본형, 김영사

김대중 자서전 | 김대중, 삼인

김대중 | 조한서, 작은씨앗

김병완의 초의식 독서법 | 김병완, 아템포

꿀벌과 게릴라 | 게리 하멜, 세종서적

꿈을 이룬 사람들의 뇌 | 조 디스펜자, 한언출판사

나를 확 바꾸는 실천독서법 | 민도식, 북포스

뇌, 생각의 출현 | 박문호, 휴머니스트

뇌, 하나님 설계의 비밀 | 티머시 제닝스, CUP

다산의 독서 전략 | 권영식, 글라이더

다석사상으로 본 유교 | 박영호, 두레

당신의 뇌를 경영하라 | 김병완, 북로그컴퍼니

독서쇼크 | 송조은, 좋은시대

독서의 기술 | 모티머 애들러, 범우사

독서의 역사 | 알베르코 망구엘, 세종서적

똑똑한 뇌 사용설명서 | 샌드라 아모트 외, 살림Biz

레오나르도 다 빈치의 두뇌 사용법 | 우젠광, 아라크네

리딩으로 리드하라 | 이재성, 차이정원

린치핀 | 세스 고딘, 21세기북스

마음의 작동법 | 에드워드 L. 데시 외, 에코의서재

마음의 힘 | 제임스 보그, 한스미디어

민들레영토 희망 스토리 | 김영한, 랜덤하우스코리아

민성원의 공부원리 | 민성원, 대교출판

밤의 도서관 | 알베르토 망구엘, 세종서적

배움의 기술 | 조시 웨이츠킨, 이제

배움의 의미 | 김성길, 학지사

백수 선생 문집 | 양응수, 미상

브레인 룰스 | 존 메디나, 프런티어

브레인 퓨처 | 잭 린치 외, 해나무

빅 브레인 | 게리 린치 외, 21세기북스

상상력에 엔진을 달아라 | 임헌우, 나남출판

생각 혁명 | 새뮤얼 스마일즈, 책이있는마을

생각에 관한 생각 | 대니얼 카너먼, 김영사

생각을 뛰게 하라 | 노나카 이쿠지로, 흐름출판

생각의 탄생 | 미셸 루트번스타인 · 로버트 루트번스타인, 에코의서재

생각하지 않는 사람들 | 니콜라스 카, 청림출판

생의 가: 배움 | 한준상, 학지사

생존력 | 조용상, 나무한그루

선비답게 산다는 것 | 안대회, 푸른역사

선인들의 공부법 | 박희병, 창비

선택적 책읽기 | 고미야 가즈요시, 지상사

성공과 행복을 부르는 좋은 습관 50가지 | 박찬영, 리베르

승자의 뇌 | 이안 로버트슨, 알에치코리아

싱크(THINK) | 마이클 르고, 리더스북

아웃라이어 | 말콤 글래드웰, 김영사

알렉산더형 인간 | 진혁일, 보민출판사

언씽킹 | 해리 벡위드, 토네이도

연암집 | 박지원, 돌베개

영국의 독서 교육 | 김은하, 대교출판

오프라 윈프리의 특별한 지혜 | 오프라 윈프리, 집사재

이노베이터 DNA | 제프 다이어 외, 세종서적

전뇌 학습법 | 스티븐 D. 에이퍼트, 한스컨텐츠

존 스튜어트 밀 자서전 | 존 스튜어트 밀, 창

좌뇌 우뇌 모두 활용하는 슈퍼캠프 학습법 | 바비 드포터 외, 바다출판사

책 먹는 독서 | 크리스티안 그뤼닝, 이순

책 사냥꾼 | 존 백스터, 동녘

책 사용법 | 정은숙, 마음산책

책 읽는 뇌 | 매리언 울프, 살림

책 읽는 책 | 박민영, 지식의숲

책의 역사 | 브뤼노 블라셀, 시공사

천재가 된 제롬 | 에란 카츠, 황금가지

체인지 씽킹 | 와다 히로미 잇북

초우뇌혁명 | 시치다 마코토 웅진출판

포커스존 | 루시 조 팰러디노, 멘토르

포토 리딩 | 폴 쉴리, 럭스미디어

학문의 권장 | 후쿠자와 유치키, 소화

학습동기를 높여주는 공부원리 | 캐롤 드웩, 학지사

헤르만 헤세의 독서의 기술 | 헤르만 헤세, 뜨인돌

헬렌 켈러 자서전 | 헬렌 켈러, 문예출판사

히든 브레인 | 샹커 베단텀, 초록물고기